自民党と裏金
捜査秘話

元 朝日新聞記者 村山 治

日刊現代／講談社

自民党と裏金 捜査秘話

目次

序章

自民党「裏金」事件
摘発の原点は
金丸闇献金事件

闇の深さ

この国の政治資金をめぐる闇の深さを改めて思い知らされた。東京地検特捜部が2024年1月に摘発した自民党の派閥の政治資金パーティー収入をめぐる政治資金規正法違反事件と、それに続く国会でのおざなりの政治改革論議である。政治とカネを巡る腐敗の連環はなぜ続くのか。断ち切ることはできないのか。

まず、捜査の話から始める。

特捜部の発表や報道によると、自民党最大派閥の「清和政策研究会」（安倍派）と第5派閥の「志帥会」（二階派）では、毎年1回、開催する政治資金パーティーで所属議員が当選回数や役職に応じてパーティー券（1枚2万円）を販売するノルマがあり、ノルマを超えた分の収入は議員側に現金で還流したり、議員側がノルマ分だけ上納し超過分を「中抜き」で自分のものにしたりする仕組みがあった。

両派とも、派閥の収支報告書にはノルマ分のみを収入として記載。超過分は記載していなかった。これは派閥側の虚偽記載罪などに当たる。時効が完成していない18～22年の5年間で最大派閥の安倍派の収入の不記載額は約6億8000万円、二階派も約2億6000万円に上った。

ノルマ超過分を手にした安倍派所属の議員側の大半は収支報告書に寄付収入として記載していなかった。一部の議員は、不記載は派閥の指示によるものと証言した。一方、二階派は、議員側への還流は収支報告書に支出として載せ、議員側も還流資金を寄付収入として記載していた。

疑惑の広がりや深さから「令和のリクルート事件」とも呼ばれたこの構造的な不正が明らかになる端緒は、日本共産党の機関紙「しんぶん赤旗」の調査報道だった。

22年11月6日の「しんぶん赤旗」日曜版は、政治資金収支報告書などを基に、安倍派など自民党5派閥のパーティー券を購入した業界の政治団体の収支報告書に支出記載があるのに派閥側の報告書に収入記載がないものが、20年までの3年間で合わせて2422万円あると報じた。

これは、派閥のパーティー券収入が収支報告書に適正に記載されず「裏金処理」されている疑いがあることを示す。それを受けて神戸学院大教授の上脇博之が昨年から今年にかけ、その後の赤旗の調査などで判明した分を合わせ約4000万円の政治資金規正法違反（不記載・虚偽記入）で各派閥の代表や会計責任者を東京地検特捜部に告発。自民党の派閥側は22年から23年にかけて相次いで収支報告書を訂正した。

告発を受けた特捜部は密かに安倍、二階派の会計責任者らを任意で聴取。彼らの供述や任意提出を受けた経理資料から、パーティー券収入をめぐる現金還流や「中抜き」の仕組み、それらの金を派閥や議員側の収支報告書に正しく記載してこなかった組織的な虚偽記載の疑いがあることを把握した。そして、派閥側、還流を受けた議員側とも収支報告書に超過分を記載していない安倍派が特に悪質と判断した。

麻生派、茂木派とともに政権を支える主流派閥の安倍派では、岸田内閣の要である官房長官の松野博一が19～21年、経産相の西村康稔が21～22年、党国会対策委員長の高木毅が22年から事件発覚時点まで、閥務を取り仕切る事務総長を務めていた。

この3人に加え、党参院幹事長の世耕弘成と安倍派座長の塩谷立については、安倍派幹部として派閥の政治団体の収支報告書の不記載にかかわった疑いがあった。さらに、彼らと党政調会長の萩生田光一を含めた派閥幹部には二千数百万～100万円の資金還付を派閥から受けながら、政治資金収支報告書に記載していなかった疑いも判明した。

安倍派幹部に捜査が及べば、岸田政権の屋台骨が揺らぐ恐れがあった。しかし、法令違反の証拠がある以上、検察として見過ごすわけにはいかない。

告発事件の一部は3年の時効が近づいていた。マスコミも捜査の動きに気付いていた。特捜部は23年暮れ、安倍、二階両派と所属議員の政治資金規正法違反の疑いで立件し、悪質なものは訴追する方針を決め、検事総長も了承した。

証拠固めのため政治家本人や政治団体の会計責任者ら多数を取り調べて供述調書を作成する必要があった。しかし、臨時国会が開会中。議員らを手当たり次第呼び出して予算、法案を審議する国会を止めるわけにはいかない。

そうした事情から特捜部は、捜査は12月13日の臨時国会閉幕から翌24年1月の通常国会開会前までの間に終えることとし、集中的に多数の関係者を取り調べるため全国の検察庁から検事を動員。捜査体制は1993年のゼネコン事件捜査と同規模の50人態勢に膨れ上がった。

特ダネが呼んだ「安倍派vs.検察＋朝日」の臆測

この事件の捜査報道を終始リードしたのは朝日新聞だった。「安倍派、裏金1億円超か パー券不記載、立件視野」（12月1日朝刊1面トップ）を皮切りに、「松野官房長官に裏金1千万円超か」（同8日）、「安倍派幹部6人に裏金か 塩谷・松野・高木・世耕・萩生田・西村氏」（9日）、「安倍派の裏金、5億円か 所属議員の大半に還流 派閥側の立件不可避」（12日）と捜査情報をもとに次々と1面でスクープ。他紙とテレビが後追いする展開となった。

パーティー券収入のうちノルマ超過分を議員側に現金でキックバック（還流）すること自体は犯罪ではない。パーティー券販売で好成績を上げた頑張りに対するお駄賃のようなものともいえ、企業社会では当たり前のように行われている。犯罪に該当するのは、その収入、支出を収支報告書に適切に記載しなかったことだった。

特捜部が従来、摘発してきた政治家本人がかかわる政治資金規正法違反は、政治権力行使の見返りを期待して資金提供する贈収賄に近い背景を持つ事件が多かった。それゆえ、政界捜査経験のある検察関係者の一部には、今回の事件は、収支報告書の虚偽記載という明白な法律違反はあるものの、実質的悪性は希薄であり、大騒ぎするほどの事件ではない、との意見もあった。

しかし、朝日は、資金還流と不記載が長期にわたり組織的に行われている点を構造的な政治資金の簿外処理システムととらえ、資金還流・不記載をセットにした「裏金」事件として大キャンペーンを展開した。自民党の政治資金をめぐる後ろ暗さ、胡散《うさん》臭さを見事に表した、うまい命名だった。

故・安倍晋三首相が主催する「桜を見る会」の不透明会計をめぐり安倍の秘書が略式起訴されるなど安倍長期政権下で起きた政治資金をめぐる乱脈の記憶が新しかった。国民は政権与党である自民党に対し強い負の印象を持っていた。だからうまくはまった。

リクルート事件など数々の政治スキャンダルを暴いてきた朝日がインパクトの強い検察の捜査報道での「裏金」特ダネを連発したこともあり、政治、事件の報道シーンは活況を呈した。野党もこれに呼応。自民党に対する大々的な「裏金」追及イベントになった。

報道に背中を押されるように首相の岸田は、内閣の要である松野、西村のほか、同派所属の総務相の鈴木淳司、農水相の宮下一郎と副大臣5人を更迭。萩生田ら党役員も相次ぎ辞職した。

年が明けた24年1月も、朝日の勢いは止まらず、安倍派の衆院議員、池田佳隆の逮捕前打ち（7日）。首相肝いりの「政治刷新本部」のメンバーに起用された安倍派10議員のうち9人に裏金疑惑があると特報（13日）。

「朝日は強すぎる。検察と示し合わせているのでは」と後追いの同業他社からはやっかみの声も聞こえた。検察の処分発表前日の18日には狙いすましたように「岸田派を立件へ」。首相の岸田は、自らが会長を務める派閥「宏池会」の政治資金処理にも嫌疑がかかったことにうろたえ、唐突に岸田派解散を宣言。これに引っ張られる形で安倍・二階派も派閥解散を宣言。自民党権力の象徴ともいえる派閥政治の根底を揺るがせた。

「黒川・林騒動」の記憶

安倍政権が検察首脳人事に介入した4年前の「黒川・林騒動」の記憶がまだ鮮明だった。20年1月末、法務省が安倍政権に忖度し、次期検事総長含みで「政権に近い」とされていた東京高検検事長の黒川弘務の定年を、国家公務員法を根拠に半年間延長した異例の人事問題である。それもあって、永田町や霞が関界隈では、安倍派と検察をめぐる臆測が駆け巡った。

月刊『Ｈａｎａｄａ』編集長の花田紀凱は12月17日の産経新聞のメディア批評で、安倍の天敵だった朝日新聞が裏金捜査報道を終始リードしてきたことを指摘。「検察がまず朝日にリークして、他紙やテレビが後追い。今回の裏金騒動、完全な検察と朝日のタッグマッチだ」と皮肉った。一方、ベテラン政治記者の山田孝男は翌18日の毎日新聞のコラム「風知草」で「捜査の背景に政官関係の変質がある」とし、「いまも安倍政権が続いていれば、検察は安倍派に手を出せなかっただろう。岸田政権にはコワモテの官房長官も副長官もいない」と指摘した。

騒動当時の安倍政権は黒川の検事総長起用を強く希望していたが、検事総長の稲田伸夫は黒川と検事任官同期で名古屋高検検事長だった林真琴を後継にしたいと考え、黒川が63歳の定年を迎える20年2月までに総長職を禅譲することを拒んだ。政権と検事総長の板挟みになった法務事務次官の辻裕教が、困ったあげくに編み出したのが、黒川の定年を半年間先延ばしその間に稲田から黒川への交代を実現させるもくろみの奇策だった。

野党側は「違法な法解釈による違法人事」と猛反発。公職選挙法違反などの疑いが指摘されていた先の「桜を見る会」前夜の夕食会での飲食代提供問題などで検察の手心を期待した人事ではないか、と勘繰った。

安倍政権は、火に油を注ぐように、さらに、政府が必要と認めた検察幹部については定年延長を可能とする検察庁法改正案を3月に閣議決定して上程。これに反対する女性が「#検察庁法改正案に抗議します」のハッシュタグ付きでツイッターに投稿すると、それが爆発的に拡散。元検事総長の松尾邦弘ら有力検察ＯＢらも「検察への不当な人事介入だ」と反旗を掲げた。

当の黒川はコロナによる外出自粛の中、親しい記者と賭け麻雀に興じていたことを週刊文春に暴露され、20年5月に引責辞任。前後して政権は急に検察人事への関心を失い、通常国会での検察庁法改正案の成立を見送った。検察は名古屋高検検事長の林真琴を急遽、検事総長含みで黒川の後任の東京高検検事長に起用。林は2カ月後の同年7月、総長に昇任した。

その人事のごたごたが続いている間、検事総長の稲田率いる検察は、19年7月の参院選をめぐる公選法違反（買収）容疑で安倍側近の前法相、河井克行と妻の案里を捜査。20年6月、2人を逮捕した。

政権は、検察首脳の人事権を持つ政権を牽制するための「政治的捜査」と受けとめ苛立った。もっとも、検察側も立件に前のめりになりすぎ、被買収側の市議らから容疑を認める供述を引き出すため違法な司法取引まがいの取り調べをした疑いが後に発覚。世論の批判を受けた。

安倍政権の「検察をハンドルする」との「野望」はついえ、安倍は病気を理由に20年8月に退任。官房長官の菅義偉が後を継いだが、一連の人事騒動を通じ、法務・検察は、政治に近くなりすぎ、国民の期待に応える政治腐敗監視を果たしていないのではないか、との疑念を国民に抱かせることになった。

「検察と朝日の共闘」論の背景には、安倍政権が検察首脳人事に介入したことへの恨みから検察が安倍派の無理筋の事件を立件し、安倍に批判的だった朝日に節目、節目で捜査情報をリークしたのではないか、との臆測があったと思われる。

しかし、筆者が知る限り、今回の「裏金」事件でそういう事実はない。検察は告発を受けた捜査で明白な不正の証拠を把握し、従来の起訴基準に沿って粛々と刑事処分をしただけに見える。検察のエースと呼ばれる検察幹部が、世間の注目を集めるため特捜部の背中を押したとの説も一時流れたが、むしろ、その幹部は特捜部の着手報告を子細にチェック。世間から暴走と受けとられないよう手綱を締めていたようだ。

朝日が特ダネを連発できたのも、検察担当記者が他社よりも多少、検察に深く食い込んでいたためだろう。いち早く捜査の動きをキャッチし、捜査妨害にならないよう配慮しながら、正確に事実を報道する――記者として当たり前の仕事をこなしてきたにすぎないと思う。捜査が突き止めた事実に対する評価はさておき、事実そのものをフレームアップした記事はまったくなかった。

派閥幹部は不問

国民の関心が高まる中、特捜部が安倍、二階両派の事務所などに強制捜査に入ったのは、臨時国会閉幕6日後の23年12月19日。翌24年1月7日には、安倍派所属の衆院議員、池田佳隆＝比例東海を、派閥から還流を受けたパーティー券収入4826万円を自身の関連政治団体の収支報告書に記載しなかった政治資金規正法違反（虚偽記載）容疑で逮捕した。

特捜部は逮捕の理由について「罪証隠滅の恐れがあった」とコメント。池田が派閥からの資金還流に関するデータの処分を事務所関係者に指示した疑いがあったことを示唆した。現職国会議員の逮捕に永田町は震撼した。国民は「検察のやる気の表れ」と受け止め、検察捜査による全容解明の期待を膨らませた。

しかし、派閥の会計責任者との共犯が疑われたその他の議員の逮捕はなかった。

1月19日、特捜部は安倍派の会計責任者を務める事務局長（職員）を収入・支出合わせて13億5157万円の政治資金規正法違反（虚偽記載）の罪で在宅起訴。安倍派の幹部議員については捜査の結果、起訴、不起訴の判断をするまでもなく、容疑がなかった、と判断した。これについては改めて幹部数人の告発状が提出され、検察は後日、嫌疑不十分で不起訴とした。

資金還流を受けた安倍派の議員側については、不記載額3000万円で足切り。参院議員の大野泰正（岐阜選挙区）と秘書を5154万円の虚偽記載で在宅起訴。衆院議員の谷川弥一（長崎3区）と秘書を4355万円で略式起訴した。逮捕した池田については26日に虚偽記載の罪で起訴した。

二階派では、派閥の会計責任者だった元事務局長を収入・支出合わせて3億8082万円の虚偽記載で在宅起訴したほか、会長の元党幹事長、二階俊博の秘書も3526万円で略式起訴したが、二階は刑事責任を問われなかった。

さらに、特捜部は、還流認定をしなかった「宏池政策研究会」(岸田派)の会計責任者だった元事務局長を3059万円の収支報告書の虚偽記載で略式起訴。会長の岸田の立件は見送った。

検察捜査に疑惑全容解明の期待を膨らませていた世論は肩透かしを食った格好になった。

検察側は処分発表で気を使った。特捜事件の処理発表は通常、特捜部の副部長が会見ではなく「レクチャー」として説明することが多いが、「裏金」事件の処分発表は、わざわざ東京地検次席検事の新河隆志が行った。新河は、安倍派の幹部議員について「証拠上、各会派の収支報告書の作成は、代表者兼会計責任者を含む会派の事務局がもっぱら行っていた。派閥の幹部とかそれに準ずる方々において、収報の作成への関与はもとより、その記載内容、たとえば所属議員に還付したものをどのように記載していたか、その点についてまで把握していたとは認められず、虚偽記入の共謀があったと認めるのは困難と判断した」と述べた。

還流を受けた議員の訴追を虚偽記載額3000万円で足切りした点については「金額で機械的に判断しているわけではない。動機や犯行態様や虚偽記入の額、その供述内容から、もろもろの事情を踏まえ、さらには政治資金規制法違反の先例を踏まえて、総合的に考慮して判断した」。「与党の最大派閥を含む会派に捜査のメスが入ったことの意義」を問われると、「評価については、お答えは差し控えたい」と答えた。

積み残した謎

数々の疑問を積み残したままの捜査の幕引きだった。

安倍派では、会長だった安倍が22年4月、西村、世耕ら派閥の幹部4人にパーティー券収入の還流廃止を指示した。それを受けて派閥幹部らは所属議員に「現金は不透明で疑念を生じかねない」として還流をやめる方針を伝えたが、安倍が7月、奈良県で凶弾に倒れた後、一部の所属議員の要望で復活が決まったことが判明。

それらの事実は、見方によっては、当時の派閥幹部らに、資金還流をめぐり派閥の収支報告書に虚偽の記載が続いていたとの認識があった可能性を示唆するものだ。なぜ彼らは訴追されなかったのか。

また、資金還流を受けた議員側の不記載訴追を3000万円で足切りした理由は何か。2700万円超の不記載があった萩生田ら大物議員を助けるための忖度ではないのか――。

そして、派閥から資金還流を受けた議員らはそのカネを何に使ったのか。収支報告書に記載しなかったのは、記載できないような使途、例えば、選挙での違法な買収資金、あるいは、私的な不動産購入などに充てていたからではないか――。

さらに、一連の不透明処理はいつ、だれが、どのような目的で始めたのか――。安倍派のベテラン議員や古手の政治記者の間では、安倍派で資金還流が始まったのは二十数年前、元首相の森喜朗が会長時代だったとされた。

岸田派会長の岸田、二階派会長の二階俊博、そして安倍派幹部らが逃げ切れた最大の理由は、政治資金規正法の不記載・虚偽記載罪の主体は会計責任者であり、その会計責任者との不記載などの共謀を詳細に立証しない限り政治家本人の罪を問えないことになっているからだった。

会計責任者は政治家と親分子分の関係にある秘書や事務所スタッフが務めることが多い。検察が追及しても、まず口を割ることはない。仮に供述が得られてもそれを裏付ける具体的な物証がないと訴追はしない。検察が政治家の訴追に慎重になるのは、帝人事件など戦前に検察ファッショを起こした反省から、「政治の自由」にかかわる問題では無理をしない習性が骨の髄まで染み込んでいるからだ。

3000万円での足切りは、単純に、犯罪の実質的悪性、摘発にかかる捜査コストを考慮した結果だろう。検察も税金で動く組織である以上、費用対効果を重視する姿勢は理解するが、企業や個人が簿外処理すればたとえ少額でも税務当局からペナルティーを受ける。政党交付金を受ける政治家の責任はより重い。ケアレスミスの言い訳は通用しない。爪に灯をともす庶民には、なかなか理解しがたいものだったことは間違いない。

還流した現金の使途捜査は難しい。まず、不正な使途、例えば選挙買収などに使った場合、出した側、受け取った側とも罪に問われるため、簡単に自白は得られない。政党関係者や記者との飲み食いは政治活動費と言い張るだろう。

国民は、検察がだめなら、強力な調査力を持つ国税当局が厳しいペナルティーを、と期待する。「収支報告書に記載がないカネはそもそも政治資金に当たらない。課税すべきだ」との理屈が立つからだ。

しかし、それもむなしい。まとまった「たまり（蓄財）」があれば話は別だが、多くのケースは、課税対象に当たるかどうかを見極めるため、カネの使途の解明が必要となる。税務調査で国会議員らの懐をチェックする東京国税局課税一部長経験者は「最強の捜査機関である検察でもできないことを、捜査権を持たない行政機関ができるわけがない」と断じた。その通りだろう。

「裏金」システムの創始者と疑われた森は、政界引退後も安倍派に強い影響力を持ち、最近も五輪汚職で名前が取り沙汰されるなどマイナスイメージが強いが、収支報告書への不記載まで指示した具体的な事実がない限り、捜査、訴追の対象にはならないのは言うまでもない。

自浄作用なし――政治不信の高まり

国会で野党から説明を求められた安倍派幹部らは逃げ回った。偽証罪に問われる恐れのない政治倫理審査会への出席さえ渋った。自民党総裁の岸田が自ら政倫審に出席し、西村、世耕らを引っ張り出す体たらく。

100万円の還流資金を自身の政治資金パーティー収入として記載し、問題発覚後に派閥からの寄付と訂正した西村は、当初の処理を「秘書がやった」。22年8月の還流継続会議についても「結論は出なかった」と繰り返した。世耕は「（還流資金を）受けとっている認識はなかった。（秘書が）ノルマ通りに売っているものだと認識していた」「検察が調べて不問にしたのだから、不正はなかった」。お定まりの「秘書が、秘書が」に加えて、検察捜査をたてに「無実」を主張した。

自民党は4月4日、聞き取り調査で収支報告書の不記載があったと認定した85人（現職国会議員82人）のうち不記載額が500万円以上の安倍、二階両派の議員39人を処分。安倍派座長の塩谷、参院安倍派会長の世耕に「離党勧告」、事務総長経験のある下村博文、西村、高木に「党員資格停止」、萩生田、松野を「党役職停止」としたが、次期選挙への不出馬を表明した二階は不問。岸田についても処分なしとした。

国民の多くは、岸田政権と自民党が疑惑の真相をうやむやにし臭いものに蓋をしようとしていると受け止めた。それは報道各社の世論調査結果（3月8～24日）に如実に反映した。

24年3月25日付日経新聞電子版によると、各社の世論調査による内閣支持、不支持は▽日経26％（指示）・66％（不支持）▽読売25％・62％▽朝日22％・67％▽産経23・2％・71・8％▽NHK24・9％・57％▽共同20・1％・64・4％。

本来なら、野党が結集すれば政権交代が起きても不思議ではないレベルの支持率だ。4月28日投票の衆院3補選では自民党は全敗（元安倍派会長の細田博之の死去に伴う島根は落選、選挙買収で訴追された自民党谷垣グループの柿沢未途の辞職に伴う東京と谷川弥一の辞職に伴う長崎は立候補見送りで不戦敗）。世論は、岸田政権の「裏金」事件への対応に明確に「ノー」を突き付けた。

デジャビュ

構造的な政治腐敗が明るみに出ても政治の自浄作用は働かない。それゆえ、国民は、強力な捜査権を持つ検察に真相解明と責任追及を期待する。しかし、今回も期待は空回りに終わった。

検察の処分後、「『トカゲのしっぽ切り』だ。到底納得できない」（中国新聞、1月20日）など一部の地方紙で捜査不十分を指摘する社説が見られたほか、毎日新聞の川柳欄「仲畑流万能川柳」（2月21日）では、「またしても大山鳴動雑魚ばかり　福岡　千早の雀」「検察は正義の人であって欲し　鶴岡　ゆう坊」など、読者の検察捜査に対する幻滅と無力感の表明がなされた。

その検察や法務省などが入る霞が関の中央合同庁6号館入り口にある「法務省」の銘板や屋外掲示板に赤い塗料がスプレーで塗りつぶされる事件が起きたのは4月3日未明のこと。6日後の9日、警視庁丸の内署に出頭し器物損壊容疑で逮捕された44歳、無職の男は「法務省への不満があった」と語ったという。その「不満」が何かは明らかではないが、「ペンキ・テロ」の一報を受けデジャビュのように一つの事件が脳裏に浮かんだ。

32年前の「金丸5億円闇献金事件」である。

当時の自民党最大派閥の「経世会」（竹下派）の大ボスだった金丸信が、グループ内での保身のため金丸の後ろ盾を期待する東京佐川急便社長から5億円もの闇献金を受け取り、派閥の議員らの選挙支援に使っていたことが、特捜部が摘発した社長らの特別背任事件の捜査で判明した。正真正銘の巨額の裏金事件だった。国民の多くは検察に真相解明と厳重処罰を求めた。

しかし、検察は金丸の取り調べさえせず容疑を認める上申書で罰金20万円の略式処分とする。報道でその方針を知った自称、会社役員の男が、その処分当日の92年9月28日の朝、「検察庁、正義をやっているか」などと叫びながら、同じ庁舎玄関の「検察庁」の銘板に、「弱者」を意味する黄色のペンキをぶっかけ、現行犯逮捕されたのである。

金丸闇献金事件の前までの検察は、贈収賄、脱税などリアルな金の収受に絡む政治家の犯罪摘発を得意とし、政治資金の出入りを政治団体などの収支報告書で適正に情報開示しない政治資金規正法違反（虚偽記載）は悪性が薄い形式犯と見なす傾向が強かった。さらに、政治家と会計責任者との共謀立証などのハードルが高いこともあり、摘発には消極的だった。

5億円の裏金を受け取った当時の金丸は、大臣などの公職にはついておらず国会質問もしていなかった。つまり、収賄罪の対象となる職務権限がなく、さらに、受け取った金も派閥議員にばらまいているため、脱税の対象となる蓄財もないと判断せざるを得なかった。

しかし、5億円闇献金の事実はあまりに重かった。国民から真相解明と厳重処罰を求められた検察は、政治団体の会計責任者との共犯で虚偽記載罪での立件を検討するが、会計責任者は名目だけで実態がなかったことから、立件を見送り、政治家本人の寄付の量的制限という、さらに使い勝手の悪い武器を使って金丸に切り込まざるを得なかった。

当時の量的制限罪の最高刑は罰金20万円。軽い罰の証拠を収集する捜査手続きには、身柄拘束のような強い手段は使わない慣例があった。検察は得意技の取り調べで金庫番秘書から核心の供述を引き出し、かろうじて金丸の訴追に成功するが、「5億円もらって20万円の罰金か」と国民は怒り、マスコミもそれに同調する中で「ペンキ・テロ」は起きたのだった。

捜査の前線を担った東京地検特捜部は、内外から厳しい批判を受け、経験したことがない世論の逆風にさらされた。もちろん、被疑者の金丸、金丸が取り仕切った自民党も無事ではすまなかった。

この闇献金に加え、東京佐川急便事件の捜査では、竹下内閣樹立のため金丸が右翼の竹下攻撃封じに暴力団を使っていたことも判明。自民党に対する国民の怒りは爆発し、翌93年7月の総選挙で自民党は大敗。1955年以来38年に及ぶ一党独裁の座から滑り落ちた。

今回の自民党の派閥パーティー券収入をめぐる「裏金」事件も、特捜部の摘発を機に政権与党が世論の批判にさらされ、失権の縁に立たされている。その状況も金丸事件と酷似している。

金丸事件では、虚偽記載罪適用で政治家を「安全地帯」に置く政治資金規正法の建付けが検察捜査の壁になった。金丸事件後、政治資金規正法は何度か強化改正され、今回の「裏金」事件にいたるまで数々の政治資金規正法違反事件を摘発してきた。事件発覚のたびに、それを受けて何度か法改正も行われたが、政権与党は、政治資金不正で政治家を安全地帯に置く構造だけは絶対に譲らず「死守」してきた。

今回の「裏金」事件を機に政治資金規正法の抜本改正を求める声が高まり、収支報告書への不記載・虚偽記入事件で会計責任者とともに政治家の刑事責任も問う「連座制」導入が焦点のひとつになった。金丸事件から32年経ってようやく、との感慨を深くしたが、結局、「議員に収支報告書の『確認書』提出を義務付け、会計責任者が不記載などで処罰され、かつ議員が必要な確認を怠った場合、議員は失職する」との、何重にも留保をつけた中途半端な自民党案を野党の一部が支持。成立する可能性が強くなったが、実効性には疑問が残る。

政治腐敗の元凶ともされる企業・団体献金の禁止や政策活動費の完全情報開示も実現しなかった。その状況も、金丸事件後の政治改革と似ている。

金丸闇献金事件は、検察の資金規正法違反捜査の原点ともいえる事件だった。巨大な政治腐敗に不十分な武器で正面から対峙しなければならなくなった検事たちの苦悩と逡巡。不正が発覚したときの政治家のドタバタ劇と国民に対する説明責任の取り方。検察側に干渉しようとする政治側と法務省の攻防。さらに検察部内での捜査・公判方針をめぐる対立……。そこには数々の人間臭いドラマがあった。

それらの事実は、今回の「裏金」事件の検察の捜査や処分を理解し、政治資金規正法改正を含めた政治とカネの腐敗監視を再構築するうえで大いに参考になると思われる。

ただ、金丸闇献金事件は罰金処分となったため公開の裁判で捜査記録が開示されることがなかった。そのため多くの謎を残すことになった。朝日新聞社会部記者として金丸事件を取材した筆者は、これまで折に触れ、関係者証言と掘り起こした捜査資料で事件の全貌について読み解きを試みてきた。

今回の「裏金」事件を機に、それらの仕事を改めて再整理し、「裏金」事件に至る「政治家のカネと検察」の舞台裏にいま一度光を当てたいと考えた。お付き合い願えれば幸いである。

なお、本文では、罪に問われて服役後に社会復帰された方々のうち、存命とみられる方については仮名とした。敬称は略させていただいた。

第1章

5億円闇献金
先行自白のなぞ

それは朝日の特ダネから始まった

1992年8月22日付朝日新聞朝刊1面トップ記事は、「『金丸氏側に5億円』と供述　東京佐川急便の渡辺元社長」と「金丸氏秘書は全面否定」との見出しが同じ縦5段で並ぶ、異例のレイアウトだった。

東京地検特捜部が特別背任罪で訴追した東京佐川急便元社長の渡辺広康が特捜部に対し、自民党最大派閥「経世会（竹下派）」会長だった金丸信に、簿外で調達した現金5億円を89年夏の参院選前に提供したと供述。金丸側の政治団体の収支報告書にその記載がないことが判明していた。

朝日はその極秘捜査の内容をスクープし、朝刊最終版に突っ込んだのだった。

金丸は当時、首相の宮沢喜一の後ろ盾の自民党副総裁。「政界のドン」の異名をとっていた。記事のインパクトは強かった。NHKを含めマスコミ各社が後を追い、政界には激震が走った。しかし、当の特捜部は冷静だった。

金丸は、1987年11月に中曽根内閣の民間活力導入担当大臣を辞して以来、政府の公職には就いておらず、職務権限がないため5億円を収受しても収賄罪は成立しなかった。政治資金規正法の政治家の寄付の量的制限違反に抵触する疑いがあったが、渡辺供述では3年の時効をすでに過ぎていた。時効が完成していれば犯罪には問えない。

詰めて捜査すれば、渡辺供述の授受の時期が動く可能性はあったが、どうせ金丸本人に事情を聴いても「秘書が相談なしに政治団体への寄付として受け取った」と言うだろう。そうなれば、量的制限は適用できない。政治団体の収支報告書の虚偽記載の疑いは残るが、金丸を訴追するには会計責任者との共謀を立証しなければならない。金丸の支配下にある会計責任者や金庫番の秘書が共謀を認めるわけがない。つまり、摘発できても秘書らの犯罪にしかならない。そんなもの、摘発価値があるのか——と立件自体に消極的だったのである。

朝日新聞をはじめ報道した当のマスコミ側も、金丸がこの5億円闇献金の事実を認めるはずはなく、刑事事件にもならないとみていた。ところが、朝日の報道から5日後の8月27日、金丸は記者会見し「自分の指示で秘書が5億円を受け取った」と自らに対する寄付だったと認め、さらに授受の時期についても、渡辺供述よりも半年以上遅い総選挙（90年2月）の「事前」としたのである。「事前」は直前の1～2月と解釈できる。それだと量的制限違反の時効は完成していない。金丸本人への寄付と認定できれば犯罪が成立する。

金丸は「不徳のいたすところ」と頭を下げ、責任をとって副総裁辞任を表明した。

金丸の「先行自白」会見を受けて急きょ、特捜部は5億円闇献金事件の摘発に乗り出す。マスコミも堰を切ったように、東京佐川事件取材で溜め込んだ金丸がらみの疑惑を大々的に報じた。特捜部は9月28日、金丸を寄付の量的制限違反で略式起訴。金丸は罰金20万円の略式命令を受け同額を納付したが、世論の怒りは収まらず、10月21日、衆院議員を辞職した。

金丸失脚が引き金になって、竹下派は、金丸直系の小沢一郎のグループと反小沢のグループに分裂。小沢は自民党を脱党する。

衆議院での不信任案可決を受け宮沢政権は93年6月、政治改革を掲げて解散に踏み切ったが、自民党は惨敗。1955年以来、政権与党の座にあった自民党は下野し非自民の細川政権が成立した。金丸は、検察も把握していなかった5億円の受領時期、そして自らが寄付の受領主体だという事実を告白。それが、検察が金丸を政治資金規正法違反で訴追する決め手となった。検察はいわば棚ぼたで金丸を仕留めることができた。

なぜ、金丸が、自ら火に飛び込むような行動をとったのか。これは、おそらく平成の最大の謎の一つだ。背後では、激しい権力闘争が繰り広げられていた。それが金丸の行動にどう影響したのか。

その深層に踏み込む前に朝日の特ダネの舞台裏に触れておきたい。

朝日の5億円闇献金報道なかりせば金丸が「先行自白」することはなく、金丸事件は摘発されず、政治の流れが変わることもなかった可能性が大だった。検察捜査報道が時代の風景を変えた数少ない例であり、同じ朝日による32年後の「裏金」事件の捜査報道とも相通じるところがあると考えるからだ。検察と報道の「間合い」の実際を知ってほしいという思いもある。序章でも触れたが、この種の検察マターの特ダネはともすると、政治的意図のある「リーク」と揶揄されることが多い。しかし、そういうことはほぼない。

多くは、記者の汗と涙の賜であり、記者魂のぎりぎりの発露によるものだ。金丸闇献金の特ダネがまさにそうだった。

朝日新聞で最初に情報を掴んだのは、司法記者クラブの検察取材を担当する市川誠一、山中季広、秦忠弘の3記者だった。報道する2カ月以上前から、金丸側に5億円を闇献金したとの渡辺の供述の概要を入手していた。

ただ、その情報だと、カネの受け渡しの時期が政治資金規正法の量的制限違反の3年の時効をすぎていた。渡辺の供述通りなら事件にならない可能性が大きかった。それゆえ、当時の司法記者クラブキャップの松本正は、記事化に消極的だった。

松本が語る。（太字部分＝注1）

（金丸闇献金は）事件にならないと思っていたのです。同時に、新潟県の金子清知事に対する政治資金規正法違反容疑も浮かんでいました。私は、これも事件にならない、と思っていました。

吉永さんの教えが判断基準になっていたのです。贈収賄の疑いがある政治家への資金提供はいくつか浮かんでいたが、職務権限や請託を認定するのが難しく、贈収賄事件には発展しないことが見えていましたから。

1000万円を超える贈収賄でなければ原則として政治家は摘発しないというのが吉永哲学です。それで、もう政界ルートでの立件はない、と自分で判断していたのです。

「吉永さん」は、ロッキード事件で特捜部副部長として元首相の田中角栄を逮捕。東京地検検事正としてリクルート事件を摘発した吉永祐介。敗戦間もない時期の検察の政界事件摘発で無罪判決が相次いだのを教訓に、政治的思惑を疑われることを極度に警戒。職人的誠実さによる検察権行使を心がけ、手掛けた著名事件での無罪は1件もなかったとされる。

金丸事件当時は大阪高検検事長だったが、検事や検察記者の間では「捜査の神様」と呼ばれ、畏敬の対象だった。吉永は親しい記者に対し、政治家事件での自らの起訴基準を開陳していた。

ところが、その金子事件が動き出すのです。確か、読売など他紙に先行された。市川記者らには「検察が政治資金規正法違反などでやるわけがない。書かせとけばいい」と言っていたのですが、市川、山中両記者が「松本さん、それは見方が間違っている。検察はやる気ですよ」という。えっ。本当か、と。やるなら、負けるわけにはいかない。

それで、劣勢を一挙に逆転しようと思って、金丸5億円闇献金を書こう、となるのです。政治資金規正法が検察の武器になるのはあの事件からですよね。

金丸事件はさておき、金子事件で特捜部は「吉永の起訴基準」から半歩、踏み出そうとしていた。

検察が事件にするというなら、話は別だ。抜かれたら抜き返す。松本の記者魂に火がついた。ただ、現実には記事の出稿は簡単ではなかった。

（1992年）8月19日の夜中に、当時は日本プレスセンタービルの8階にあった朝日新聞の拠点で大論争をするのです。担当記者たちは「すぐ打ちましょう」という。私は「打てない」と反対してやりあうのです。村山さんは、その場にいなかったっけ。

前年の91年2月に毎日新聞から朝日新聞に移籍した筆者は、朝日東京社会部の遊軍記者として司法記者クラブの松本らと連携しながら東京佐川急便事件を取材。その議論の場にはいなかったが、論争の中身は側聞していた。

当時、聞いていた渡辺供述では、5億円の提供は、1989年7月の参院選前の同年6月で、92年8月の時点ですでに3年間の公訴時効が完成しているから、検察は事件にできません。法廷で、5億円献金の事実が明らかになることもない。そうすると、記事にして金丸さん側から名誉毀損で訴えられたときに、裁判で勝てるのか。5億円の闇献金が存在したという真実相当性の証明、つまり、記者側が真実だと信じる相当の理由があるといえるか。

記事を書いて金丸側から名誉毀損で訴えられると負ける恐れがある。だから、慎重に、というのがキャップである松本の立場。一方、現場は、早く書かないと、他社に追いつかれる。すぐ打ちたい――。

名誉毀損訴訟での勝敗を分けるポイントは、書いた側が、記事の「真実性」ないし「真実相当性」の証明をできるかどうか、だ。記事が事実なら何の問題もない。ただ、仮に、結果として事実がなかったとしても、記者側が関係者取材などをきちんとしていれば、裁判所は「記者が事実と信じるに足る理由があった」としてメディア側に軍配を上げてくれることもある。

供述した当の渡辺さんは拘置所にいて取材できません。もらったとされる金丸さん側が認めるはずがない。しかし、市川、山中、秦の3記者は、粘り強い取材で、5億円授受の生々しい様子まで取材でつかんでいました。

問題の5億円は社長だった渡辺さんが、札束で車に積み込み、自ら運転して東京・永田町の高級マンション「パレ・ロワイヤル」まで運んだ。5億円はとても手では抱えられないので、駐車場内で台車に乗せた。その台車がゴロゴロとうるさいので人目に付かないようなるべく音を殺しながら押し進み、エレベーターに乗って、そのまま上の階にある金丸事務所へ行った。渡した相手は、秘書の生原正久さん。事前に電話で訪問を伝えてあった。少しだけ話をしてすぐ引き揚げた、という驚くべき話でした。

渡辺から生原へのカネの受け渡し場面は、最終的な渡辺供述と若干違うが、取材がかなり供述内容に肉迫していたことがわかる。

このほかにも、渡辺氏は車の運転ができるのか、5億円を運んだと供述している日時に渡辺氏は東京にいたのか、パレ・ロワイヤルの状況と食い違っている点はないか、など我々で渡辺供述を裏付けられる作業は全てしましたが、支えになるのは検察情報です。

事実無根だとして金丸さんから朝日が名誉毀損で訴えられた場合、大切な情報源が、あえて民事裁判に出廷して「5億円授受を認めた調書は存在する」と証言してくれるか。してくれるはずがありません。（報道の段階では調書はまだ作成されていなかった）

実際、市川記者と山中記者が、取材源に「書く」と通告したとき「検察はお前たちを守らないぞ」と言われたといっていました。

掲載を決断させた顧問弁護士のひと言

記者には情報源の秘匿義務があり、情報源は明かせない。名誉毀損で訴えられた場合、複数の検察関係者から聞いた、との匿名証言メモを法廷に提出するので精いっぱいだ。それだけで、裁判所が十分取材を尽くした、と見てくれるのかどうか。

それが記事を打てるかどうかの判断の分かれ目だった。論争の結果、松本は記事の出稿をペンディングにする。

真実性、真実相当性の証明ができないとして裁判で負けてしまえば、記事は結果として誤報となる。そう考えたときにまた、吉永さんの教えがよみがえるんです。ロッキード事件のときの検察と同じで、誤報となった場合の朝日新聞の受けるダメージは計り知れない、と。当時の金丸さんは首相を決めるほどの力を持った政界の最高実力者だった。それだけに、自民党から凄まじい攻撃が来るだろう。そういうことを考えると、その記事は、それまでに取材で得られているファクトでは、とても打てない、と言うしかなかったのです。

これは事件がらみの調査報道で常につきまとう問題だ。新聞社は一民間企業。巨大な政治権力から攻撃されると経営や社会的地位が揺らぐ恐れがある。社のラインである取材・報道の現場指揮官としては、そういうリスクは避けたい。つまり、消極に傾く。その一方で、新聞記者の正義感は、「事実があると確信するなら、裁判闘争覚悟で書くべきだ」と囁く。

いったん、記事にするのは無理だ、と言ってしまったわけですが、その夜、というより未明に浦安の自宅への帰り道のハイヤーの中で、裁判になったときの争点を変えたらどうか、という考えがひらめきました。5億円の授受そのものでなく、渡辺さんが特捜部に対して、そういう供述をしている、という事実に対する真実相当性で争えれば、完敗ということはないのではないか、と。

次の日、私は豹変し「打とう」とクラブ員に告げるのです。そして、まず、8月21日付の

朝刊1面トップで、10人余の政治家に21億円を献金したと東京佐川急便の渡辺氏が供述していて、東京地検がその事実を最高検に報告するという記事を打ちました。

この「10人余の政治家に21億円」の中に金丸5億円闇献金が含まれていた。

筆者はその数日前、松本から5億円供述の信憑性と捜査方針について検察幹部への裏付け取材を頼まれた。幹部を銀座の牡蠣料理屋でのランチに誘い、渡辺の5億円供述が固いこと、近々、金丸分を含む政界マネーについての捜査報告を最高検に上げることなどを聞き出し、松本に伝えていた。

8月21日朝刊の記事はその村山さんの情報が支えでした。（渡辺さんが）金丸さんに5億円を献金したと特捜部に供述している、その点を真実相当性の争点にしていくための「布石」でした。また、後手に回っていた新潟県知事の政治資金規正法違反事件の捜査についても、それとなくここで他紙と並んでおこうということで、その見通しについても触れました。

そのうえで、金丸さんへの5億円献金の原稿を作り、21日午後7時に「13版から打ってくれ」と社会部の当番デスクに出稿するのです。

当時の新聞社は特ダネ原稿を出稿する場合、印刷工場から遠い地域に配達される12版ではなく、東京の郊外や神奈川県などに配達される13版から入れるのが普通だった。それだと、刷り上がりが最終版締め切りの後になり、他社に漏れる心配が少ないからだ。

しかし、問題が起きる。出稿した肝心の金丸5億円闇献金の原稿にストップがかかってしまったのだ。

ところが、その13版に原稿が入らなかった。それでデスクに「どうしたんだ」と聞いた。そうしたら、「松ちゃん、打てないよ」という。理由は「裁判で負けるから」だった。編集局長室、整理部長も同じ意見だったというのです。

原稿を出した以上、その日に組み込めなかったら、その原稿は永久に載らない。そういうものなのです。新しい証拠が出るわけではない。次のデスクは、より尻込みするのです。出した以上は、その日に勝負するしかなかった。最終版の締め切りまで1時間余りしかありませんでした。

編集局の消極姿勢が松本の反骨精神を掻き立てた。社の方針を変えるには、手はひとつしかなかった。

その時点で初めて会社の顧問弁護士を叩き起こすのです。原稿をファクスで弁護士の自宅に送り、電話でやりとりしました。

「松本さん、これはだめだ。勝負にならない。供述したことを真実相当性の争点にしても勝ち目はない」

原稿を読んだ弁護士はそういいました。

「あきらめざるを得ないですかね」

私はそういった。数秒の沈黙があった。

弁護士は後に「私は、最後までやめろ、といったんですよ」と話していましたが、実は、そのときの記憶では、私にこう言ったのです。

「でもね、朝日の読者としては、明日の朝刊でこの記事を読みたいですね」

そして、「行きましょうか」と。

「裁判で負けたら、私は責任をとって朝日新聞を辞めなければなりませんね」

「それは、松本さんの考えだ。その覚悟があるのなら、新しい判例を作るつもりで報道しましょうよ。ただし、金丸さん側の否定の見出しをなるべく大きくとってください」

これで、私の腹は決まった。

すぐデスクに電話しました。

「おい、顧問弁護士は、全然、大丈夫といっているぞ。金丸の否定談話を通常より、大き目にしておいてくれ、とさ。それさえやっとけば大丈夫だ、と。そう編集局長に言ってくれ。ノープロブレムだと」

松本も、顧問弁護士もいい度胸をしていた。こうして、金丸5億円闇献金の特ダネは、最終版の1面トップに掲載されることになった。

(ゲラ刷りの)その見出しを見て市川、山中両記者が怒った。

「『金丸氏側に5億円』と供述」という主見出しと「金丸氏秘書は全面否定」という見出しが同じ縦5段で並んでいたからです。私もこれはやりすぎ、過剰反応だとは思ったけれど、「今日のところは載ればいい」と2人をなだめました。

「全面否定」の、その金丸側への取材は大変だった。

21日の夜の10時ころ、市川記者に、金丸邸の居間の電話に連絡させました。その電話番号はもちろん外部には㊙となっていたものだけれど、取材班の誰かがこれを入手していて、電話口に出たのは金丸さんの長男の嫁で竹下登元首相の長女の一子さんでした。そこで記事の内容を説明し、「明日の朝刊に載せます。誤報だというのであれば、修正します。掲載をやめることも考えます。金丸さんにそうお伝えください」と言わせた。

これもまた裁判になったときの対策でした。金丸さん側の言い分を最後まで聞こうとした姿勢、その痕跡をしっかりと残しておく。それは我々にとって一つの有利な材料になる、と思ったからです。

５分ほどして一子さんから電話があって、「父は寝ています」。「では、明日の朝刊に載るということをお伝えください」とさらに念を押しました。

金丸秘書の生原正久には、山中記者がアプローチした。

生原さんは、金丸さんの金庫番で、５億円の現金を受け取った本人だから、コメントは絶対必要でした。しかし、夏休み中でなかなか連絡がつかなかった。手紙をポストに放り込んだり、金丸事務所に電話をかけたり、思いつく限りの手を尽くした。

最終的にようやく生原秘書ご本人をつかまえたが、向こうは最初からけんか腰というか全否定モードでした。

山中記者が「東京佐川急便の渡辺広康社長からあなたは５億円を受け取りましたね」と切り出すと、「そんなのあり得ない話だ」とさえぎる。

「記憶にないという意味ですか」と問うと、「記憶にないなんて言ってないだろ。記憶にないんじゃなくて、事実がないということだ」と強く言い、「誰がそんなことを言ってるんだ。そんなの漫画だ。漫画みたいないい加減な話だ。勝手にシナリオを作っているだけだ」と大きな声をあげ、取材はそこで打ち切られたそうです。

筆者は事件から19年後の2011年夏、生原を取材した。生原はこの、5億円闇献金にかかわる朝日などからの取材を明確に記憶していた。

5億円献金問題で朝日新聞の取材があったとき、ちょうど夏休みで伊豆・下田に3泊4日で旅行中だった。記者が金丸事務所にわんわん電話してきて、留守番の秘書が音を上げた。記者に電話すると「そちらまで行く」というのを断って電話で話した。朝日新聞の朝刊が配られた後、NHKの記者が事務所に問い合わせてきた。こちらから電話して「そんなことあるわけないよ』と否定した。しかし、先方は、「検察から間接的にコンファームをとれたのでニュースを流す』という。朝日新聞のこともあり、これは、検察から情報が出ているな、と思った。

朝日新聞の8月22日朝刊記事に続き、NHKも22日早朝から金丸5億円闇献金を流した。報道各社は一斉に後を追った。

筆者は、うまくスクープできた、よかった、という思いとともに、金丸側の出方が気になった。報道で検察が金丸立件に前向きになるわけではない。もし、金丸側が名誉毀損で訴えてきたら厄介だな、と思っていた。それは、司法記者クラブの松本たちも同じ思いだった。政界では、野党が朝日の報道に反応し、追及の構えを表明したが、国会が閉会中だったこともあり、具体的なアクションにはつながらなかった。

5億円闇献金を各社が一斉に報道した後も、当の金丸側は沈黙した。それが不気味だった。当時の政治、経済記者の関心は、宮沢政権の経済政策にあった。8月18日の日経平均株価は1万4000円ぎりぎりまで下がり、大蔵省が苦肉の策で「金融行政の当面の運営方針」を公表。市場の目先を変えたが、バブル崩壊による景気の低迷が顕著になり、金融機関の巨額の不良債権問題が風雲急を告げていた。

朝日の8月26日1面トップは「景気対策、過去最大に　9兆円から上積みも　骨格固まる公共投資を大幅増　『ゼロ国債』も活用」。27日朝刊1面トップは「野村証券、戦後初の赤字」。

経済政策に通じた首相、宮沢喜一への経済界の期待は大きかった。宮沢が大胆な政策に打って出るには、自民党副総裁として宮沢政権を支える金丸の存在が欠かせなかった。そうした中での、金丸の政治資金スキャンダル発覚だった。

闇献金をスクープした朝日新聞の司法記者クラブは金丸側の出方を気にしつつ、特捜部が摘発の照準を定めた新潟県知事、金子清の政治資金規正法違反事件の報道に打って出た。8月26日夕刊1面トップで「佐川・3億円献金疑惑　金子知事側を聴取へ　選対など約10人政治資金法絡みで　東京地検」。対抗して各社も打ち方始め。金子事件の報道は一気に戦闘モードに突入した。

一方、筆者は、金子事件の取材は司法記者クラブに任せ、東京佐川急便事件の最大の目玉だった1987年秋の自民党総裁選での右翼の竹下登に対するほめ殺し攻撃を金丸が暴力団稲川会会長を使って封じ込めた事件の関連取材で汗を拭き拭き、都内の右翼関係者を回っていた。

「ありゃりゃ、認めちゃった」

5億円報道から5日後の8月27日、信じられないようなことが起きた。

午後3時40分、金丸が自民党本部で記者会見し、渡辺からの5億円を秘書の生原を介して受け取ったことを認め、自民党副総裁と竹下派会長を辞すると表明したのだ。しかも、金の受領時期は、朝日新聞が報じた「89年7月の参院選前」ではなく、「90年2月の総選挙の事前」とした。

金丸はうつむき、口調も弱々しかった。用意したメモを、竹下派事務総長の佐藤守良が代読した。全文を掲載する。

東京佐川問題で私に渡辺元社長から政治献金があったとの点だが、実は平成2年(90年)の総選挙の事前に、渡辺さんから献金の申し出があったので、ご辞退申し上げたわけだが、数週間たって私の秘書から渡辺さんが事務所へ5億円届けられたと報告を受けた。私はご辞退申し上げたのに、と思いながら、多額であるところから、わが同志への陣中見舞いだと認識したところだ。この際、政治改革を党是とする自由民主党に多大なご迷惑をおかけしたことをおわびし、先ほど副総裁の職を辞する届けを提出した。また、経世会(竹下派)の会長も辞する決意だ。今般の献金は政治資金、政治倫理に反することであったと猛省いたしているが、友人のご好意に感謝する気持ちにはまったく変わりない。宮沢政権が今、景気対策等

で懸命な努力をする中、私事で多大なる失点を与えたわけだが、一議員として政権を支えていくことには全く変わりない。私の今般の不徳を機として政治改革への早期実現を懇願してやまない。以上だ。

会見はテレビで生中継された。検察幹部の多くも見ていた。衝撃の内容だった。特捜部長だった五十嵐紀男は後に「ありゃりゃ、認めちゃった。これは大変だ、と。初めは何らかの政治的謀略じゃないのか、と疑った」と振り返った。

筆者はテレビ中継された会見を都内の右翼団体の事務所で団体幹部と一緒に見た。時効が完成していない時期に自ら金を受け取ったと自白したことになる。これは事件になる――。当時はまだ携帯電話は持っていなかった。すぐ事務所を飛び出し公衆電話で旧知の検察幹部に電話した。幹部も、テレビを見ていた。「うーん」と唸り、「これは捜査するしかないですね」と言い切った。

会見で状況は一変した。検察側は、「90年2月の総選挙の事前」を、「89年7月の参院選以後、90年2月の総選挙までの間」と受け止めた。89年暮れから90年はじめに、金丸が派閥の議員にカネを配ったことを伝える報道もあり、そのころに5億円の授受があった可能性が強いとみた。それなら、92年8月27日の時点では、金丸本人の政治家の寄付の量的制限違反の3年の時効が完成しておらず、金丸を訴追することができる。

5億円闇献金で金丸本人を政治資金規正法違反に問うことを検討しながら、「時効の壁」に阻まれ、立件を半ばあきらめていた特捜部は、改めて金丸立件に向けて動き出す。

金丸信の会見で最も驚いたのは、5億円闇献金を特報した朝日新聞司法記者クラブキャップの松本正だったかもしれない。

夕刊が終わってホテルの部屋で仮眠をとろうとしていたら、ポケットベルが鳴った。山中記者が「すぐテレビをつけてください」と。テレビを見ると、金丸さんが会見を開いていた。司法記者クラブに飛んで帰ると、クラブ員がブースで「やった」と大喜びしていた。

山中記者は「すごい展開になりました！　いつ金丸さんから訴えられるかとびびっていましたが、その不安が今日で終わった。書いてよかった」と心底感動していました。

本音は「金丸さんは神様」ですよ。記事の事実を認めてくれたうえ、カネの受け渡しの時期についても89年6月ではなくて衆院選直前の90年2月だったという事実まで明かしてくれた。それで時効の問題がなくなった。事件は生き返り、検察が訴追する方向になって、朝日の記事の裏付けを検察がやってくれる形になったからです。

ついているときは、最後まで順調に回っていく。つまずくと最後までつまずき続ける。そういうものなんです、事件報道というのは。

実感がこもる。経験した者でないとこの感覚はわからない。そして、つきを呼び込んだのは、困難にぶつかっても決してめげることがない松本の雑草魂であり、迷ったときは前向きで、の報道姿勢だったと筆者は思う。

金丸が5億円闇献金の受領を公表した会見翌日の8月28日の各紙紙面は「爆発」したかのようだった。特に、闇献金をスクープした朝日の紙面は1面トップで「金丸自民党副総裁が

辞任表明　東京佐川急便の5億円献金認める」。社説から1面コラムの「天声人語」、政治、経済面から社会面まで金丸もので埋め尽くす、それまで見たことがないような全面展開だった。会見内容を軸に、首相の宮沢喜一が自民党幹事長の綿貫民輔らを通じて副総裁にとどまるよう求めたが、受け入れられなかったと報じ、最大派閥・竹下派に全面的に支えられてきた宮沢政権にとって大きな打撃になると示唆した。

東京地検特捜部は金丸の5億円闇献金については捜査する気がなかった。なのに、金丸は記者会見して、罪になる事実、つまり、時効が完成していない時期に、自らが金を受け取った事実を「自白」。そのため、特捜部は捜査せざるを得なくなり、結果、金丸は権力の座から転落した。

金丸はなぜ、「自爆」ともいえる行動をとったのか——。

そもそも、なぜ東京佐川社長の渡辺広康から5億円の裏金を受け取ったのか。それが報道でばれた時、政治家としてどういう危機管理をし、そして事実を認める決断をしたのか。ここからは、金丸の最側近の金庫番秘書で、闇献金事件の当事者でもある生原正久に語ってもらう。（以下、太字部分、注2）生原によると、朝日の報道で闇献金が発覚した際、金丸と以下のようなやりとりを交わした。

生原「どうしますか」

金丸「きみを青木伊平のようにしたくない。だからと言って、ウソはつきたくない。宮沢はリクルートでウソを言ったから、後でばれて大変だった。ああはなりたくないもんだ。正**

直に話そう」

生原「そこまで心配していただいて感謝します。政治資金規正法の罪は、私がかぶれば済みます。あれはいつだったですかね」

金丸「ウーン……。確かあのカネはこの前（90年）の総選挙前だったんじゃないか。朝日は参院選前なんて書いているけど」

生原「私の記憶でも朝日の報道は間違っています。参院選前ではありませんから否定できます」

金丸「いや、もらったことは衆院選前だろうと参院選前だろうと同じだ。俺は宮沢のようにはなりたくない。まぁ、小沢と相談しながらやってくれ」

この話に出てくる青木伊平は、竹下登元首相の「金庫番」と言われ、竹下事務所の資金を一手に取り仕切っていた大物秘書。特捜部がリクルート事件を捜査中に竹下事務所がリクルート社から多額の資金提供を受けていたことが発覚し、竹下は責任をとっての89年4月25日、首相退陣を表明。青木は翌26日に自殺した。「宮沢」は当時首相の宮沢喜一。「小沢」は竹下派会長代行の小沢一郎である。

リクルート事件の際、宮沢さんは「逐次情報開示」で失敗した。親父は当時、消費税特別委員長をやっていて国会対策で苦労した。

うそをついて仲間に迷惑をかけるのは嫌だ、別に脅してカネを取ったわけじゃない。正直に事実を公表するのが一番だと考えた。永田町では笑われてしまう「正直さ」なのだが、政治家・金丸信の本質はそこにある。いかにも、親父らしい反応だった。

問題は、このとき、親父が、東京佐川急便の渡辺広康さんが5億円を持って来た時期を90年2月の総選挙の前と言ったことだ。親父は一見、茫洋としているように見えるが、カネの授受や支払いについては驚くほど記憶がよかった。

公表する事実のベースはこの親父の一言で決まった。これが後になって大きな問題になるのだが……。

金丸が頼っていた小沢一郎

生原は、渡辺から金丸宛ての現金5億円を直接受け取り、「派閥所属議員へのバラマキ」にも関わった。金丸側近の小沢一郎と報道や検察捜査への対応を相談した、最も、事件の真相を知る人物といってよい。

1944年生まれ。生原家は山梨の名門で縁者には政界関係者もいた。青山学院大学時代は落語研究会に所属。立川談志に師事し、「立川談七」を名乗った。卒業後、地元放送局への就職試験を前に金丸に挨拶に行ったところ、「秘書になれ」と勧められ金丸事務所入り。69年6月から92年10月まで約23年間、金丸の公設秘書。金丸が建設、防衛庁、副総理の各大臣に就任した時は秘書官を務めた。闇献金事件の半年後に摘発された金丸脱税事件では金丸とともに所得税法違反で起訴され、執行猶予付きの有罪判決を受けた。

そもそも、金丸側はどういう経緯で闇献金を受けたのだろうか。

（東京佐川元社長の）渡辺（広康）さんから5億円来たのは間違いない。でも、朝日の記事にあるように、親父が「10億円くれ」といったわけじゃない。その点は鮮明に記憶に残っている。

ある日、親父が私にこう言った。

「生原な、金丸信も偉くなったもんだぞ」

「何ですか」と聞き返すと、「おれにな、10億円献金したいという人がいるんだよ」と。前の晩、親父は渡辺元社長と会食していた。「その人」は渡辺さんだな、と思った。

「10億ですか」と問い返した。金丸事務所はそれまでも選挙などの節目で大きなカネを扱うことはあった。しかし、バブルの時代とはいえ、個人が10億円の献金をするというのは前代未聞だった。

親父は、少しは自慢したい気持ちもあったのだろう。外の人には言えないから、私にそっと話したのだと思う。

親父は、「そんな気遣いはご無用に、と断っておいた」とも言った。

10億円は、1万円札で10万枚。重さは100キロになる。庶民には想像すらできない金額だ。ゼネコンなど関係業界からの盆暮れの年2回、各1000万円、計2000万円の巨額献金を受け取っていた政界のドンにとっても「自慢したくなる」ほどの巨額だったということか。

渡辺さんから金丸事務所（千代田区永田町、パレ・ロワイヤル永田町6階）に電話がかかってきたのは、それから2週間ぐらいたったころだ。

「いまからパレの下に行きますから、降りてきてくれませんか」

「何ですか」

「聞いてますでしょ、先生から」

親父に約束したカネの半分（5億円）を運んでくる、という話だった。

そりゃ、冗談話として聞いてはいるが、実際に持ってくる、とは思っていなかった。

「いや、話は聞いてはおりますが、お断りした、のでは」といったが、渡辺さんは「とにかく行きますから、下に降りてきてください」という。

現金で5億円を渡すという。もちろん、秘書の一存で対応できる献金額ではなかった。生原は慌てて金丸の判断を仰いだ。

そのとき、親父は上の部屋（同ビル11階の事務所別室）で麻雀をしていた。急いでその部屋に行き、親父の耳元で、渡辺さんから現金を持ってくるとの電話があったことを報告した。

親父は小声で「だめだな、弱ったな」「かといって持ってくる、というのをどうしようもできない。ひとまず、預かっとけや」と言った。

それで、地下の駐車場に1人で降りて、車で乗り付けてきた渡辺さんから現金5億円の入った紙袋3つを預かり、台車に乗せて6階の事務所に運んだ。

この「金丸への相談―受領指示」の事実が、特捜部の闇献金事件立件の重要な鍵のひとつとなる。それでは、闇献金発覚当日、金丸が生原に指示した闇献金対応をめぐる「小沢一郎との相談」はどうなったのか。生原はいう。

親父（金丸）は、当時、小沢一郎さんを頼りにしていた。小沢さんは、竹下派の会長代理として親父の事実上の片腕だった。朝日報道から2日後の8月24日、親父と小沢さん、それに私の3人で話し合った。

小沢さんは「5億円のことは隠し通すか、最初に認めるか2つに一つです。最後までうそをつき通せますか」と。親父は「俺には隠し通せる自信がない……」と言った。

その場で、正直に受領を認めるおおよその方針が固まった。

最初は否定してみたが、否定しきれるもんじゃない、という気持ちが親父にはあった。（不都合なことは、事実は別にしてまず、否定する風潮がある）今（2011年）みたいな状況なら、渡辺さんがどう供述していたとしても、「ない」と突っぱねる選択があったかもしれない。

当時（東京佐川急便事件）はリクルート事件の3年後。事実はいずれ公になるという雰囲気があった。

それに、そもそも、こちらが渡辺さんにたかったわけではない。もってこい、といったわけじゃない。半分は蹴っ飛ばした。悪いことはしていない、という気持ちもあった。

5億円受領を認める方向は決まったが、金丸側には逡巡もあった。そして、金丸が最終的に腹を固める決定的な情報が小沢からもたらされるのは8月25日夜。小沢は渡辺の弁護人の弁護士、赤松幸夫と銀座のホテル西洋銀座で密かに会談。5億円闇献金にかかわる渡辺の供述内容などを伝えられたのだ。

会談には、親父から「小沢と2人で行ってこい」といわれた。会談は、親父や渡辺さんと親しい福島交通会長の小針暦二氏がセットした。

秘書は必要なことはメモしろ、しかし、重要なことには目をつぶれ、耳をふさげ。これが秘書の鉄則だ。そのときも、そのスタイルでしっかりやろうと思って行ったが、小沢さんは、赤松さんと「さし」で話をさせてくれ、という。

それで僕も小針会長も席を外し、小沢さんと赤松さんが別室で密談した。会談が終わった後、小沢さんは僕たちには何もいわなかった。

小沢さんは（赤松との会談翌日の）8月26日、親父にだけ会談内容を報告した。親父は、小沢さんの報告を聞いて「渡辺はしゃべってんだな。やはり、仕方がない」と受け止めた。そのあと、親父は僕を応接間に呼び、「渡辺がしゃべっているそうだ。もう、認めざるをえない。（自民党）副総裁を辞める。竹下のところに説明にいってくれ」と言った。

金丸は小沢の報告を受け、金を提供してくれた渡辺が検察に供述している以上、隠しきれない。ならば、正直にしゃべるしかない、そうなると、顕職に留まってはいられない、と判断した。5億円闇献金の事実を認めて自民党副総裁を辞任し、さらに、竹下派会長まで辞める決意を固める。この赤松と小沢のホテルでの秘密会談の内容が問題だった。

小沢は93年2月17日の衆院予算委の証人喚問で赤松との会談について次のように語っている。

その目的も、今もって、その内容につきましても、なぜ面会しなければならなかったのか

わからないのでありますけれども、（略）赤松弁護人から（略）二人で話したいということで（略）渡辺氏の今までのいろいろな経緯やら立場やらについてお話をして（略）具体的なワーディング、言葉については（略）記憶いたしておりませんけれども、私といたしましては、それが金丸会長の問題と直接関連することではないという認識でありましたので、（略）どのようなことをお話しなさったかは記憶にとどめておりません。（略）したがって、金丸会長にもたしか特別何もありませんでしたというたぐいの報告をしたように記憶をいたしております。

小沢の「謀略説」

一方、赤松の認識は全く異なっていたと生原は言う。

親父が5億円の受領を認め自民党副総裁を辞任した後、赤松さんから話を聞く機会があった。赤松さんは「金丸先生が、あの時点で、事実を認め、公職を辞めるとは意外だった」と言った。

赤松さんは小沢さんに対し「渡辺元社長は、検事から別の派閥の領袖のことをしつこく聞かれている。金丸先生に対する5億円の献金について供述はしているが、検事は調書化しないので、こちらの方は事件にする気がないとみて、より大げさに話している。話しても、それは、ある事情があって事件にはならない。よって供述が法廷などで問題になることはない」との趣旨の話をしたようだ。

赤松の言う「事件にならないある事情」とは、赤松と依頼人の渡辺広康のやり取りを記録した接見ノートを特捜部が押収した違法捜査を指す。

赤松は筆者の取材に対し、弁護士の守秘義務を理由に証言を拒んだが、周辺関係者によると、赤松はそれを取引材料に、特捜部側に「もし、事件にするなら、違法捜査をばらしますよ」と、接見ノート記載の金丸関係の話については事実上、捜査対象から外すように求め、それで捜査にロックがかかったと受け止めていた。

そういう状況のもとで、赤松は渡辺の意を呈して小沢に対し、渡辺が「別の派閥の領袖への矛先をかわすため」金丸に5億円渡したと語ってはいるが、検察側はそれを立件できない、だから訴追される恐れはない、それゆえ、あえて受領を認める必要はない。沈黙していればいい――とのニュアンスを伝えたつもりだった。ところが、案に相違して金丸が「先行自白」会見をしたために驚愕した――。赤松の周辺関係者は筆者にそう解説した。

朝日新聞が報道した時点で、特捜部は渡辺から5億円提供の供述は得ていたが、まだ供述調書は作成していなかった。つまり、立件できるほど具体的な話ではなかった。だから、赤松は、赤松の話を聞いた金丸＝小沢側が当然、「自白」を回避し、「朝日新聞報道無視」の選択をするものと考えていたのである。

小沢が金丸に赤松との会談の内容を実際のところ、どこまで、どう伝えたかは不明だが、衆院の証人喚問での証言通りなら、小沢は、赤松のアドバイス、つまり、「渡辺が供述していても、それは、ある事情があって事件にはならない」という見立てと、赤松の「よって受領を公表する必要はない」とのニュアンスを金丸に伝えていなかったのではないかとの疑問が生じる。そして、それらを聞いていれば、いくら「正直」を旨とする金丸であっても、「先行自白」はしなかったのではないか――との見方が出てくる。この疑問が、「小沢の謀略説」につながっていく。

生原は、金丸の最終判断を受けて、8月27日の会見用のメモを作成する。

あのメモは、親父との話し合いを受けて、僕が作った。事前に、小沢さんにも見せた。小沢さんはメモの案にあった「経世会会長を辞する」を「辞する決意」と修正しただけで、5億円受領の時期など事実関係については何もいわなかった。

親父も、小沢さんも、私も、これで一件落着と考えていた。正直に献金を認め、なおかつ自民党副総裁という「公職」を辞するのだから、世間の反応はともかく、少なくとも、検察が親父を刑事事件で立件することはないと思っていた。

事件記者の感覚からすると、金丸本人が5億円闇献金を自らへの寄付と認め、しかも、受領の時期を、時効が完成していない90年初めと示唆する告白をすれば、検察側が政治家本人の寄付の量的制限違反の「先行自白」と受け止め、捜査に動くと考えるのが普通だ。

金丸らがそういう「素材」を自ら検察に提供しながら、刑事訴追されることなく一件落着すると受け止めていたこと自体がむしろ驚きだ。

背景には、「政治資金規正法違反で政治家本人が訴追対象になることはない」との当時の「永田町の常識」があったのではないか、と思われる。それは無理のない面もあった。

それまで検察が、政治家本人を政治資金規正法違反で起訴したのは、造船疑獄での佐藤栄作自由党幹事長（後に首相）だけだった。戦後間もない1954年、海運不況を背景に海運、造船各社や船主協会が造船割り当てと利子補給立法を目的に政官界に贈賄工作を行った事件だ。運輸省官房長や国会議員ら大量の逮捕者が出た。

最後に捜査のターゲットとなったのが佐藤だった。検察は1100万円の裏金を受け取った第三者収賄容疑で逮捕する方針を固めたが、吉田内閣の犬養健法相は指揮権を発動し、逮捕ではなく在宅捜査を指示した。捜査は失速。世論は「政界による検察弾圧」と沸騰し、その反動で直後の選挙で吉田内閣は敗北した。

結局、第三者収賄容疑は立ち消えとなり、佐藤は政治資金規正法で在宅起訴された。起訴事実は、自由党の主幹者の立場で船主協会、日本造船工業会などから自由党への寄付として5500万円を受け取りながら、会計帳簿に適切に記載せず、会計責任者に明細書を提出しなかった──というものだった。佐藤は、国連への加盟恩赦で56年に免訴判決を受けた。

「佐藤栄作日記」には「幹事長借入8000万円の内訳並びにこれが返済資金の内容は一切口外せぬと述べた。理由は困る人が出てくるから」と検察に供述したとされるくだりがある。業界からの献金の「隠蔽」に政治家本人が直接かかわった珍しい事件だった。

その後、政治資金規正法違反での政治家本人の摘発はなかった。序章でも触れたように、政治家側に対する闇献金があっても、受領したのは政治家ではなく、政治団体だということにすれば、政治家本人が量的制限罪に問われることがなかった。さらに、政治資金規正法では、政治団体の収支報告書の提出、記載の主体は「会計責任者」と明記され、政治家本人は会計責任者との共謀を立証しない限り、収支報告書の不記載・虚偽記入罪に問うことはできなかった。政治家の秘書が務めることも多い会計責任者と政治家との「特別権力（上下）関係」を考慮すると、政治家本人の摘発は不可能に近いと現場の検事たちは受け止めていた。

金丸事件の3年前のリクルート事件では、宮沢ら大物政治家側への闇献金が疑われたが、政治家本人は政治資金規正法違反には問われず、会計責任者や秘書が略式起訴されて終わっていた。そうした経緯もあって、金丸闇献金事件当時、永田町では、政治資金規正法違反については、政治家は「安全地帯」にいるという認識が広まっていたのだ。

政界で最も、金丸5億円闇献金に対する検察の出方を気にしていたのは、「武闘派」の竹下派重鎮、梶山静六だった。

小沢さんと並ぶもう1人の竹下派の雄、梶山静六さんは、早くから検察の動きを警戒していた。梶山さんは法相を経験し当時、国対委員長をやっていた。法案審議の相談などを通じて法務省と太いパイプがあり、検察情報に強かった。さらに、当時の法相の田原隆さんは梶山さんの一の子分だった。

その梶山はちょうど朝日新聞が5億円闇献金を報道した日（8月22日）に、野党の国対委員長とともにヨーロッパ視察旅行に出かけた。

（梶山は）その前に、親父に「何かあっても軽々に動くな」と言ってきていた。5億円問題で親父が受領を認め、自民党副総裁を辞める会見をした8月27日、梶山さんは

日本にいなかった。梶山さんが旅行に行かず、日本にいたら、発覚当初から相談でき、そうすれば、全く違う展開になっていたかもしれない。

梶山が金丸側に「軽々に動くな」と注意したのは、この後詳細に記すが、特捜部が東京佐川事件で5億円闇献金について密かに立件を目指していたこと、それが、時効の問題や法律解釈などでペンディングになったことを、法務省ルートで薄々知っており、「寝た子を起こす」ことを危惧したからかもしれない。

梶山が帰国するのは9月3日。すでに手遅れだった。特捜部が金丸秘書の生原の任意聴取に乗り出すのはその2日後。朝日などの闇献金報道に対する金丸側の危機管理対応を、派閥会長代行として事実上取り仕切った小沢一郎は「捜査を呼び込んだ」と派閥内で指弾され、苦境に立つ。金丸は周囲の慰留もあって竹下派会長には留まったが、竹下派ではかねて「金丸後」の竹下派会長の座をめぐり、小沢グループと反小沢グループの対立があった。金丸闇献金の「危機管理」対応をめぐり、両グループの反目は強まる。

そうこうするうち、検察が親父を政治資金規正法違反で捜査する話になり、実際にカネに触った僕に呼び出しがかかる。雲行きが怪しくなってきた。小沢さんと梶山さんは、それぞれ、対応策で走り回ることになる。

梶山さんは、親父の指示に従って、小沢さんに電話したが、小沢さんは「俺には俺のやり方がある。梶さんには梶さんのやり方がある。それぞれが努力すればいい」と会おうとしない。僕の判断で親父に「小沢さんに梶さんに会うよう言ってください」と頼んだ。それで2

人は会った。会うには会ったが、小沢さんは、梶山さんが話している間、目を閉じて黙りっぱなしで、返事もしなかったようだ。僕が検察に呼ばれている間の話だ。

そもそも、小沢さんと梶山さんは、田中角栄に叛旗をひるがえして竹下派を立ち上げるときからの同志。仲もよかった。それが親父の政治資金規正法違反事件への対応をめぐり、決定的に敵対するようになる。

当時の小沢の政治スタイル、梶山との関係がよくわかる話だ。

小沢さんと竹下（登）さんの関係もおかしくなっていた。親父が自民党副総裁を辞任した8月27日の会見は、情報漏れの疑いがあって予定を急遽、前倒しにしたため、竹下さんは当日、河口湖の別荘に行ってゴルフをしており、連絡がつかなかった。小沢さんは、親父に「会長、こんなときに竹下さんはゴルフですよ」と言った。小沢さんは、親父と竹下さんの仲を裂こうとしているように見えた。

「やばいな」と思って、竹下さんの別荘に電話し、記者会見をすることを伝えたが、連絡がきたのは、会見が終わったあとだった。

親父は、小沢さんをかわいがった。しかし、小沢さんは、親父がこの年の10月21日に議員辞職した後、存命中は一度も、山梨の金丸家にはこなかったと聞いている。

朝日新聞が「金丸前副総裁を立件へ　本人の出頭を打診　東京地検」と1面で打ったのは1992年9月9日の朝刊。読売も同日夕刊で「佐川急便5億円献金　金丸前副総裁立件へ　授受は2年1月　量的制限違反容疑」と追いかけた。

金丸信や小沢一郎の「沈静化」の期待に反し、「先行自白」会見後の世論は、金丸を厳しく批判。野党は徹底追及の構えを見せていた。小沢グループと反小沢グループの対立は激化した。小沢が、金丸を罪に問おうとする検察との全面対決を主張したのに対し、梶山静六や竹下登らは、金丸が罪を認め罰金で事件を収める融和路線を唱えた。

金丸は最終的に融和路線を選択。罪を認める上申書を検察に提出し、罰金20万円の略式命令を受け、事件は終結する。金丸は国会議員辞職願を提出。竹下派会長も辞任した。

小沢と、梶山、竹下らとの対立は、派閥会長の座をめぐる争いに発展。梶山らが押す小渕恵三に敗れた小沢は、派を割って新たな政策集団を作り、自民党を脱党した。

金丸が92年8月27日の会見で「先行自白」したのが全ての始まりだった。小沢はなぜ、金丸に「先行自白」させたのか。

渡辺広康の弁護人の赤松から「ある事情があって事件にはならない」との事実と「よって沈黙していればよい」とのニュアンスを伝えられたのが事実だとすると、小沢は、金丸に2つの選択肢を示すことができたと思われる。

ひとつは、あえて会見せず、報道を無視すること。報道されている受領時期の通りなら、政治家の「量的制限受領罪」は時効が完成している。しばらく叩かれても、沈黙していれば検察は手を出せない。ほとぼりが冷めるのを待てばいい、との考え方だ。

もうひとつは、5億円受領の真相を話し政治的責任を取ること。検察が事件にしないのなら、ここは真相を話した方が世間の受けがいいのではないか、との考え方だ。しかし、受領時期について真相を語れば、検察は違反を察知し、「事件にならない」という前提は崩れる。

永田町的権力観でいえば、金丸の選択はおそらく誤りだったのだろう。竹下派内で「反小沢」を旗幟鮮明にしてきた元官房長官の野中広務は著書「私は闘う」（文藝春秋、1996年）で、次のような見方を示している。

野中は、92年8月27日に金丸が東京佐川側からの闇献金を認め、副総裁を辞任する会見を開いた当時、自民党総務局長。当番で党本部に詰めていた。（以下太字部分は引用）。

（会見の報を聞いて）幹事長室に飛んで行った。そこにどやどやっと、入ってきたのは秘書の生原正久君と当時の派閥事務総長佐藤守良さんだった。

「何だ」と私が聞くと、生原君が、こう説明した。

「親父があれ（5億円の献金）を認めて、3時に記者会見して副総裁を辞めるというんです」

私は「これはクーデターやな」と直感した。（略）

この時の経世会は派閥の会長の金丸さんの庇護をバックに小沢さんのグループが、経世会自体を乗っ取ろうとしていた。それに対抗していたのが、梶山静六さんであり、私であった。（略）私は小沢さんの派閥乗っ取りの野心を警戒していた。金丸献金問題で揺れる経世会を竹下、金丸を放逐することで一気に自分の手勢で乗っ取ろうとしていると踏んでいた。

小沢さんは金丸問題の処理を独占していくことによって派内の抗争を勝ち抜こうとしていた。突然の「5億円授受を認め、副総裁を辞任する金丸会見」も、経世会の反小沢派はすべて出払っている夏休みの時期をねらって、強行した。（略）

この金丸副総裁辞任は、小沢派が主導権を派内で握っていくという意味でも重要だったが、世論、検察、国会の佐川急便疑惑をかわそうという狙いもあった。

つまりあの時佐川急便の献金名簿を公表するかいなかが、大きな焦点になっていた。おそらく、佐川急便側の献金名簿には沢山の議員の名前があったはずだ。そこを金丸さん一人で事態を収めようとしたと私は見ている。（略）

おそらく、小沢さんサイドは「副総裁を辞め、5億円をもらったと言えば問題は収まる」と金丸さんを言いくるめて記者会見に出したに違いない。ところが、事態は収まるどころか、世論は「辞職しろ」というところまでエスカレートしていったのである。さらに検察の矛先も、緩むどころか、ますます鋭くなっていた。

野中がいわんとするのは、権力奪取を目指した小沢が、闇献金を認めさせて金丸を政治的に葬ろうとしたとの「謀略説」である。

これに対し、小沢は先の93年2月17日衆院予算委での証人喚問で次のように述べている。

（金丸は）それ（会見内容）が事実だと言われたわけでございます。うそをついたり虚偽を言ったりして守ることが守ることだとは思いません。

政治家の言葉は重い。金丸は「嘘をつきたくない」と闇献金を認める道を選んだ。その決断を尊重し政治家としての筋を通させてあげる。それこそが、師の恩に報いる道ではないか――との思いも感じられる。これまた正論だ。

小沢の見立てと胸中を推測

5億円闇献金事件のもう一人の「当事者」である渡辺広康の弁護人で、小沢に「沈黙していれば、事態は収まる」とのニュアンスを伝えたとされる赤松幸夫はどう考えているのか。赤松本人は周辺関係者に対し、以下のように話している。

8月27日の会見で金丸さんが5億円の授受の事実を認めて副総裁を辞任して1～2日後、小沢さんから突然、ホテルに呼び出された。小沢さんは『どうも、どうも』と私の手を握り、上機嫌だった。ほかには何の話もない。私に謝意を表すためにわざわざ呼んだようだった。

それは、小沢さんが『正直に事実を述べれば検察は金丸氏を立件しない』と確信し、その公表手続きをスムーズに運ぶため私の情報提供が役に立ったことへの感謝、というような感じではなかった。何のかんの言っても、自分の親分が傷ついた話。私なら悄然として元気がなくなるところ。なぜ小沢さんが上機嫌だったのか、いまだに、私をホテルに呼び出した理由がわからない。

興味深い話だ。小沢は何のために、赤松をホテルに呼び出したのか。なぜ、親とも慕う金丸が世論の批判にさらされているのに上機嫌だったのか――。

政治家、小沢一郎に、自民党最大派閥の会長という権力の座につきたいとの思いがあったことは間違いなかろう。しかし、政界の恩人である金丸を刑事被告人にすることまで望んでいたとは思えない。それは、この後触れるが、小沢が検察の金丸立件方針を知って激怒し、官邸に検察が立件しないよう圧力をかけたことでも明らかだ。

小沢には、本書に記した内容について事実確認とコメントを求めたが、応じなかった。小沢の当時の行動の理由については推測するしかないが、筆者はいま、以下のようなことだったのではないか、と想像している。

金丸は、朝日報道で闇献金が発覚した後、「事実がある以上、隠しきれない。正直に話す」と決断した。小沢は、その決断は重い。尊重しなければならない、と受け止めた。

そもそも、会計責任者を主役とする政治資金規正法のたてつけや違反に対する検察の起訴基準からして、5億円献金についても金丸本人に捜査が及ぶことは考えにくい。せいぜい、会計責任者や秘書が微罪に問われるだけで終わる可能性が大ではないか——。

そう考えているところに、渡辺の弁護人である赤松が、渡辺は5億円闇献金を検察に供述してはいるが、「ある事情で事件にはならない」と言ってくれた。これは朗報だ。

堂々と記者会見で献金受領を明らかにし自民党副総裁という顕職を辞すれば、一時的に世論の批判を受けても、それが「禊」となって騒ぎは遠からず収まり、政治家・金丸の力は維持される。そうなれば、闇献金問題の処理を無難に取り仕切った功で、金丸は、会長代行の自分を後継指名するのではないか。

ならば、赤松の「沈黙は金」的ニュアンスの話は無用。捜査の見立てなどの詳細も枝葉末節であり、金丸に話す意味はない——。

実際、蓋を開けると、会見でマスコミは大騒ぎしたが、想定の範囲内だった。親父（金丸）を刑事リスクにさらさず、闇献金問題を無事に収めることができそうだ——。そう受け止めていたからこそ、小沢は、金丸先行自白会見から日をおかず、赤松をわざわざホテルの部屋に呼び出し、満面の笑みで感謝の意を伝えたのではなかったか。

結局のところは、金丸が先行自白した場合の検察の出方に対する見立ての問題に帰着するのかもしれない。元検事の赤松や事件記者の筆者は、先行自白すれば、検察が立件に向けて動き出すのは当たり前だと考えるが、小沢はそうは考えなかった。

小沢には、赤松以外の政官界やマスコミからも金丸闇献金に対する検察捜査の情報は入っていたと思われる。その中には、「先行自白」の危険を指摘するものもあったはずだ。

なぜ、小沢は「金丸が先行自白しても立件されることはない」と考えたのか。それは今も謎のままである。

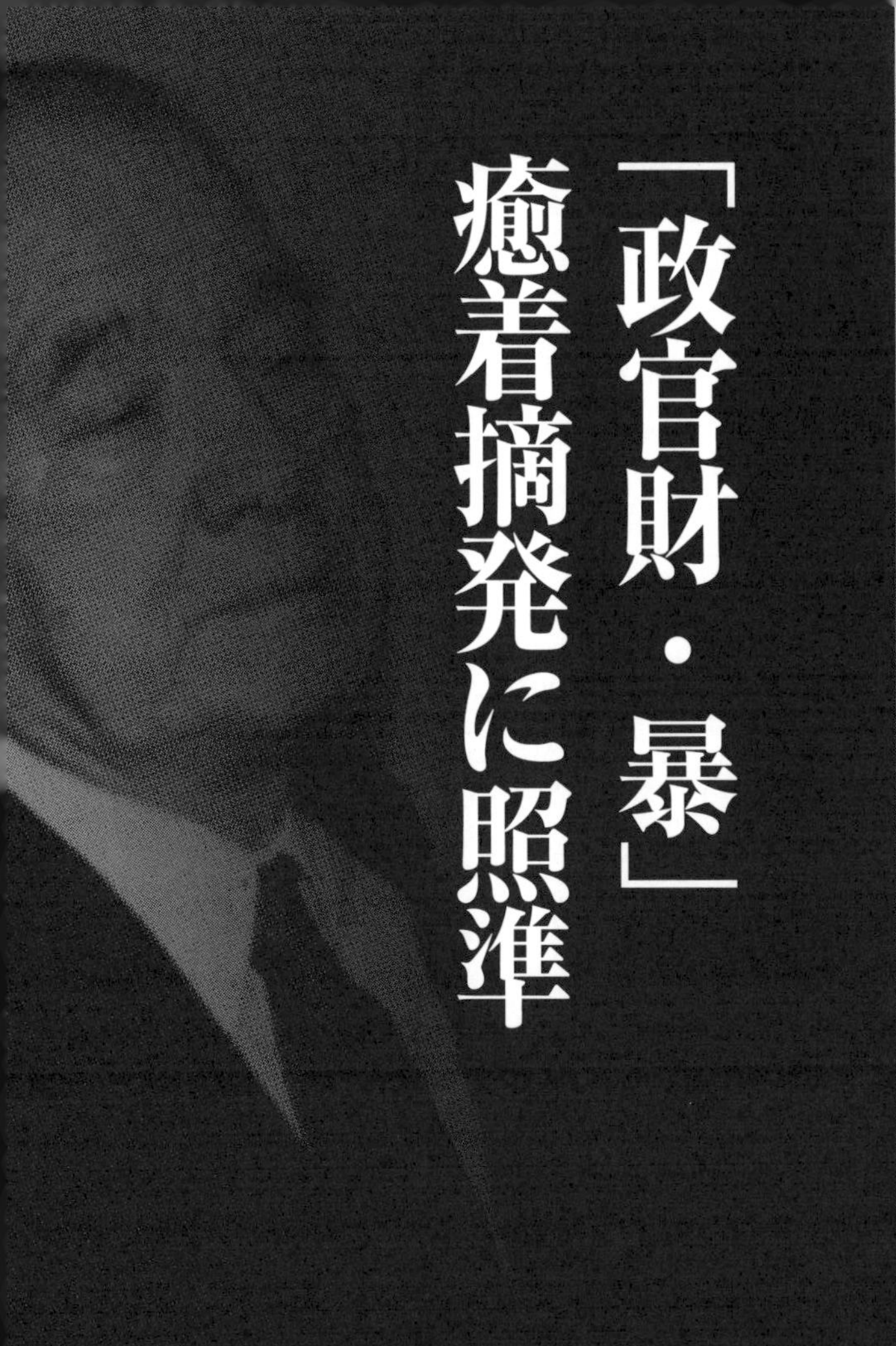

第2章

「政官財・暴」癒着摘発に照準

仕手集団「光進」と稲川会会長

金丸信の5億円闇献金事件は、東京地検特捜部が1992年2月に摘発した東京佐川急便元社長の渡辺広康らに対する特別背任事件の捜査で発覚した。

バブルが大きく膨らんだ1980年代、金融機関の規律は緩み乱脈融資が横行。多くの企業がそのカネで浮利を追い、財テクに走った。暴力団など反社会勢力はそこにつけ込み企業を食い荒らした。

バブル崩壊で地価と株価が暴落すると、金融機関の融資で不動産や株式に過剰投資していた企業がばたばたと破綻。運送大手の東京佐川急便もその1社だった。91年6月時点で、東京佐川から暴力団関係企業など41社1個人に流れた資金の総額は4000億円を超えていた。

東京佐川急便は、渡辺広康が1963年に設立した渡辺運輸が前身。1974年に佐川急便グループと業務提携してグループ入り。急速に売り上げを伸ばした。

佐川急便グループは、佐川清が1957年に創業。セールスドライバー制を導入し歩合制の高給保証で飛躍的に事業を拡大。本家にあたる清和商事（本社・京都）が各地の運輸業者との合併や業務提携で規模を広げ、92年当時で従業員2万人、年間売り上げ8000億円のマンモス企業グループに成長した。グループ各社はそれぞれ独立経営だったが、東京佐川を含め各社の株式の大半は清和商事が押さえていた。それを背景に会長の佐川清は業績の上がらない経営陣の首を簡単にすげ換えるなど専横的な人事でグループ各社から恐れられた。

業績のいい東京佐川は別格扱いではあったが、社長の渡辺はいつ自分も切られるかわからない、と警戒。佐川に対抗するため自らの後ろ盾として政界や反社組織にコネクションを広げていた。特捜部が東京佐川急便に注目するきっかけは「兜町の錬金術師」と呼ばれた仕手集団「光進」代表の渋谷健一（仮名）の相場操縦事件だった。

渋谷は株を買い占めた航空測量会社「国際航業」から約190億円を引き出して別の買い占めに使ったことが問題となり、国際航業への返済資金を捻出するため、同年4月下旬、数日にわたって藤田観光株を証券会社で頻繁に売買。株価を3750円前後から5200円まででつり上げたうえ、所有する同社株600万株すべてを約3000億円で「飛島リース」に売却した。

特捜部はその行為が人為的に株価を高騰させた証券取引法違反（相場操縦）に当たると判断して90年7月19日、渋谷と仲間の建築会社社長を逮捕した。

特捜部はこの事件を突破口に、▼元国際航業取締役や子会社社長、三井信託銀行の元支店次長らの脱税事件▼住友銀行青葉台支店長の渋谷ら仕手筋に対する巨額浮き貸し▼元環境庁長官の衆院議員、稲村利幸の脱税▼渋谷のスポンサーだった「地産」元会長の史上最高の約34億円の脱税――などを次々に摘発した。

その捜査の過程で特捜部は、広域暴力団稲川会会長の石井進が、事実上支配する「岩間カントリークラブ」（茨城県）の会員権取得を予約する紙切れ同然の「会員資格保証金預かり証」で関係先企業10社と1個人から総額394億円を集め、その金を東急電鉄株買い占めにつぎ込んでいたことを突き止めた。

国際航業の支配権奪取をめぐり別の暴力団とのトラブルを抱えていたとされる渋谷は、「用心棒」として石井を頼った。石井は「株取引のプロ」である渋谷に「預かり証」で集めるカネを元手に「株で一勝負したい」と相談。渋谷が石井に勧めたのが東急電鉄株だった。

特捜部が検察首脳向けに作成した捜査報告書（注3）によると、渋谷は、85年に仕手グループのビデオセラーが買い集めて東急電鉄に譲渡した藤田観光株の処理を巡って東急電鉄幹部と接点ができ、同社の内情に通じていた。

東急電鉄では89年3月に会長で東急グループ総帥の五島昇が死去。渋谷は交際があった同電鉄相談役や取引先の三井信託銀行社長ら4人と協議し、同年6月の株主総会で電鉄社長を退任させ、電鉄副社長を兼任していた百貨店社長を電鉄社長に昇格させたうえ渋谷と三井信託などの協力で電鉄株を買い集め、これを東急グループ関係会社にはめ込んで電鉄株の安定化を図る方針を決めた。

渋谷は、その一環として石井が買い占めた電鉄株を東急グループ関係会社に高値で引き取らせれば自らも利益を得ることができると考えたとみられる。

89年4月上旬、石井は同電鉄株の買い集めに乗り出した。渋谷は89年8月、別に株を買い占めていた蛇の目ミシン工業の役員に対し、保有株を石井のフロント企業である北祥産業に売却するなどと揺さぶりをかけ、蛇の目側から300億円を引き出し、その中から70億円を「預かり証」と引き換えに石井に渡した。この300億円引き出しで91年3月、渋谷は蛇の目経営陣に対する恐喝容疑で特捜部に再逮捕されることとなる。

石井の「預かり証」で集めた394億円のうち80億円を出したのが東京佐川急便だった。そのころには同社社長の渡辺広康は石井の「ダンベ（暴力団用語で『金蔓』）」になっていた。

石井は目端の利く「経済ヤクザ」だった。賭博の罪で服役していた石井は84年に出所後、「もはや博徒の時代ではない」と考え、ゴルフ事業や株式投資で儲けようと企てた。その資金源として狙いをつけたのが、特定の暴力団との結びつきがなかった東京佐川社長の渡辺だった。側近の品川宗徳（仮名）を通じて渡辺に接近。渡辺の女性関係をめぐるトラブルをブラックジャーナルで取り上げようとした総会屋や山口組関係者を押さえ込み、渡辺に貸しを作った。

一方、渡辺も反社の世界での石井の影響力を知り、その力を安易に利用するようになる。行きつけの銀座のクラブの経営者の息子が経営するゴルフクラブをめぐる暴力団がらみの内紛の解決も石井に依頼。石井は配下の稲川会組員に指示して手打ちをさせた。

85年8月、石井は太平洋クラブが開発中のゴルフ場「岩間カントリークラブ」（茨城県岩間町）に買収未了の「虫食い土地」があるとの情報を入手。側近の品川を社長に据えた北祥産業が東京佐川の名を借りて土地取得に乗り出した。

ところが、石井が北祥産業のオーナーであることが一部の金融機関に露見。資金調達に不都合を生じたため、石井と渡辺は東京佐川常務の太田順三（仮名）を代表取締役社長に据え東京佐川の子会社のように装った「北東開発」を設立。株式投資やゴルフ場開発の名目で東京佐川の保証を得て金融機関から資金を調達。ゴルフ用地の虫食い土地を買い取った。

石井は86年11月、太平洋クラブから岩間カントリーの開発主体である「岩間開発」の全株式を取得。実質、オーナーとなった。同ゴルフ場のオープンは90年2月と見込まれていたが、石井は会員権収入を得る前に「会員資格保証金預かり証」で東京佐川など「ダンベ」企業から金を集め株でひと儲けしようとしたのだった。

渋谷の提案に乗った石井は89年4月から野村証券と日興証券を通じて東急電鉄株を買い進め、同年11月には、総発行済み株数の約3％に相当する3170万株を買い集めた（総買付資金約580億円）。電鉄の株価は、買い始め時の1610円から11月17日には最高値の3060円にまで高騰した。

一方、渋谷の思惑に反して東急電鉄社長は三井信託社長の退陣説得工作に応じず、「（仕手筋の）渋谷が電鉄株を大量に持っているので、会って話をしたらどうか」などとも勧められたが、これにも応じなかった。そうこうするうち株バブルは弾け、90年1月に入ると、東急電鉄株を含む株価全般が下げに転じた。

石井が手掛けた電鉄株は「塩漬け」となり、岩間カントリーなど関係する3つのゴルフ場の開発会社も債務超過で会員権販売は困難となった。88年1月時点で東京佐川の債務保証で調達し北東開発・北祥産業から石井側に流した資金は約417億円に上ったが、その回収は絶望的だった。石井は91年9月に死去。買い占めた電鉄株の大半の約2900万株は東急グループの東急建設が95年3月、総額約185億円で買い取り一連の買い占め劇は終わった。

東京佐川など10社1個人が紙切れ同然の「会員資格保証金預かり証」を担保に、石井側に

394億円を提供していた詳細が大々的にマスコミで報道されたのは91年6月初め。東京佐川社長の渡辺は同月7日、京都に赴き佐川清に謝罪した。同時に東京佐川が巨額の負債を抱え金融機関からの借り入れが不可能になっていることも打ち明けた。佐川は側近の中京佐川社長の湊川誠生らを東京佐川に派遣して経理内容を調べ上げたうえ渡辺ら経営陣を解任。特捜部は東京佐川の新社長となった湊川と接触。渡辺と太田に対する告訴の意向を示したため、7月25日、とりあえず、稲川関係企業1社への融資について特別背任罪での告訴を受理した。

皇民党の竹下登「ほめ殺し」攻撃

渡辺らの解任、告訴を受け、その4年前の87年秋に起きた、ある「事件」に捜査当局やマスコミの関心が集まった。

自民党幹事長の竹下登、総務会長の安倍晋太郎、中曽根内閣の蔵相だった宮沢喜一の有力3政治家が名乗りを上げた1987年10月末の自民党総裁選びで起きた、右翼の「日本皇民党」による執拗な竹下「ほめ殺し」攻撃である。

「ほめ殺し」とは、ターゲットを意図的にほめ上げることで逆にイメージを落とす、暴力団など反社勢力の間ではよく知られた嫌がらせの手口だ。

高松市に本拠を置く日本皇民党は、87年2月ごろから、全国各地で「お金儲けのうまい竹下さんを総理大臣に」などと街宣車で流して回り、総裁選びが山場を迎えた10月初めには、東京・お台場で露営しながら、永田町など都心で街宣活動をしていた。

自民党田中派の幹部だった竹下が盟友の金丸信らとともに派閥の親分の田中角栄に反旗を翻し、田中派内で勉強会「創政会」を結成したのはその2年前の85年2月7日。田中は、下克上、派閥の乗っ取りと受け止め、猛烈な切り崩しを行ったが、そのさなかの同月27日、脳梗塞で倒れ事実上、政治力を失った。

竹下は満を持して87年7月、旧田中派141人のうち118人を結集して自民党最大派閥「経世会」（竹下派）を結成。その領袖として総裁選に打って出た。そうした事情もあって、旧田中派に残った二階堂進、山下元利らの間では竹下批判が渦巻いており、皇民党のほめ殺し攻撃の背後に反竹下グループの存在を疑う向きもあった。

皇民党の執拗な攻撃に竹下は音を上げ、盟友の金丸に「もう総理・総裁にならなくてもいい」と泣き言を言うほど、精神的に追い詰められていたとされる。しかし、87年10月初め、皇民党は突然、攻撃を中止し、東京を去った。

総裁に立候補した3人は選挙でなく話し合い決着を望み総裁の中曽根に裁定を委ねた。中曽根は竹下を後継に指名。竹下は87年11月6日、晴れて第74代の首相となった。

警察関係者や記者の間では、皇民党が突然、攻撃を中止した舞台裏で、金丸ら竹下側の要請で裏社会にもつながりのある東京佐川社長の渡辺が暴力団などを使って皇民党封じに動いたのではないかとの見方があった。渡辺に特別背任容疑で検察や警察の捜査のメスが入れば、そのあたりの事情が明らかになるとの期待が膨らんだのである。

東京佐川急便事件の捜査が動き始めた91年秋、政界は激動の季節を迎えていた。ときの首相、海部俊樹は自民党弱小派閥の領袖。リクルート事件で首相を辞任した竹下後継の宇野宗佑が女性スキャンダルで参院選に敗北しわずか2カ月余で首相を辞任したのを受け89年8月、急きょ、首相の座に就いた。海部を担いだのは最大派閥の竹下派だった。

湾岸危機や平和協力法案廃案などのピンチを乗り越えて政権運営に自信をつけた海部は、重要な政治課題だった政治改革関連法案成立に強い意欲を示し、同法案が91年9月、審議未了で廃案になると「重大な決意で臨む」と衆院解散をほのめかした。これに竹下派が反発。10月末の自民党総裁任期満了を控えた海部は解散もできないまま退陣に追い込まれ、11月5日、竹下派が推す宮沢内閣が成立した。

その宮沢内閣を直撃したのが、翌92年1月の宮沢派事務総長の元北海道開発庁長官、阿部文男に対する不動産開発会社「共和」からの贈収賄事件での摘発であり、続いて2月に強制捜査が始まった東京佐川急便の摘発だった。共和事件については、ここでは触れない。

東京地検特捜部は92年2月14日、東京佐川元社長の渡辺広康と元常務取締役の太田、不動産会社「平和堂グループ」元代表の中野史郎（仮名）ら4人を、中野側などの返済能力が十分でないのを承知しながら融資や債務保証を行い東京佐川急便に126億円の損害を与えた商法違反（特別背任）容疑で逮捕した。

特捜部は中野が渡辺の個人的な裏金調達役と見込んでいた。捜査報告書（注4）によると、渡辺は、東京佐川からの直貸しや銀行融資への債務保証で計321億円を調達。中野は、この資金を神奈川県や千葉県などの不動産取引や株式投資に充てたが、ことごとく失敗。

追い詰められた渡辺と中野は仕手集団「旧誠備グループ」（加藤暠代表）の仕手戦に参加。渡辺から新たに資金付けを受けた中野は、加藤が仕手戦を展開した「本州製紙」「東邦銀行」「常陽銀行」株を大量に買い付けたが、株価が大暴落。本州製紙株の買い付けに資金を集中したが、結局、損害を拡大しただけで終わった。

それとは別に、太田は東京佐川の財テクを担当。経理担当社員と共謀し、東京佐川のダミーとして株取引を行っていた観光会社に数百億円を貸し付け焦げ付かせていた。

特捜部は逮捕した4人について3月末までに特別背任事件の容疑を固めそれぞれ起訴。不正融資の総額は645億円に膨らんだ。東京佐川元社長の渡辺は、政界のスポンサーとして知る人ぞ知る存在だった。特捜部は、4人の逮捕を突破口にその全容解明を目指した。渡辺の取り調べ担当には、エース級の特捜検事を起用。中野にも気鋭の中堅検事を充てた。

渡辺の口は重かったが、経理記録や周辺関係者の供述をもとに詰められると渋々、一部の政治家への授受は認めた。

一方、中野は特捜部の取り調べに対し、89年4月ごろから90年12月ごろにかけ十数回にわたり約20億円の現金を渡辺に提供したと供述した。特捜部は、これが渡辺の政界工作資金の原資の一部に充てられたと見立てた。

並行して特捜部は「稲川会ルート」の摘発に乗り出す。警視庁捜査4課と連携し92年5月11日、勾留中の東京佐川元社長の渡辺と同元常務の太田を再逮捕。新たに稲川会会長の石井進側近の北祥産業社長の品川宗徳を逮捕した。

石井は91年9月に死亡していたため、石井と一心同体で行動してきた品川の身柄を確保し、渡辺と石井の共犯を立証することを目指した。3人の容疑は、石井と共謀し、石井が実質支配する北祥産業などが多額の債務を抱え、返済能力がないことを認識しながら、90年5月から同年11月までの間、前後9回にわたって、債務保証や貸付を行い、東京佐川に対し総額157億円の損害を与えた、とするものだった。反社勢力への資金流出だったが、恐喝ではなく、「平和堂ルート」などと同じ商法の特別背任罪が適用された。

特捜部は稲川会ルート捜査着手の時点で、金丸信が渡辺経由で石井に日本皇民党の竹下登ほめ殺し封じを頼み、無事、竹下内閣樹立にこぎつけた事実を把握。そのために渡辺は石井に大きな借りができ、求められるまま巨額の資金を石井側に垂れ流すことになったと見立て、それこそが東京佐川急便の特別背任事件の本質だと考えていた。

竹下内閣誕生の功労者は私

それを示す捜査資料がある。（注5）レジュメ風の資料には、特捜部の捜査戦略が示されている。記述をそのまま掲載する（太字部分、（）は筆者注。）

①（稲川会会長の）石井（進）は、東京佐川（渡辺〈広康〉）をダンベ（金蔓）にする明確な意図をもって近付き、これに成功したこと。

②渡辺（太田）は、石井の意図を察知しながら、これを受け入れたこと。

③渡辺がこのような態度をとった（とらざるを得なかった）原因、ないし情況は、どこにあっ

たのかが本件の最大の疑問であり、これが本件を性格付けるポイントといえる。
④渡辺が石井を積極的に利用して個人的な利得を図ろうとした形跡は認められず、せいぜい石井からダンベされる過程において、石井側から提供される利益に与ったにすぎない。
⑤そうしてみると、皇民党問題しか考えにくい。渡辺は、昭和62年（1987年）10月、金丸（信）（竹下〈登〉・小沢〈一郎〉）側から皇民党の竹下攻撃を押さえて欲しい旨を依頼され、これを石井に依頼し、同人が皇民党の動きを押さえ、以後、石井は、渡辺を交え、金丸らとも宴席をともにする仲になった。その後も、金丸らから石井にトラブル処理の依頼がなされた。
⑥このような情況は、石井が渡辺をダンベにするのを容易にさせ、渡辺も、石井の意図を察知しながら、これを受け入れざるを得なかったと見られる。

皇民党問題以後、債務保証額が増大し、石井側に流出する資金が増大したといえないか。岩間開発の会員資格保証金の運用に至るまでの間の、最も顕著に見られる石井の蓄財的活動を黙認し、石井の善意だけを期待するような態度に終始したのも、⑤・⑥の状況を前提にすれば、一応了解できる。

捜査資料は、こうした事実整理をもとに、渡辺の政界コネクションについて以下のような見立てを示す。

渡辺は、金丸らから、前記トラブル処理の他、裏献金を無心されていた。渡辺ＰＳを検討すると、裏献金先は、満遍なく行われたものではなく、金丸側の依頼に応えたもののように思われる（Ｉ〈政治家、実名〉に対する裏献金も、金丸側の意向に沿ったものとして整理で

きるように思われる。J〈同〉に対する裏献金は、佐川〈清〉会長から回され、不承不承応じたもの。宮沢に対する裏献金は全くない。）仮に、渡辺が皇民党問題以後ころ、金丸側から多額の裏金を無心され、これに応えざるを得なかったとすれば、平和堂ルートは、極めて理解し易い。即ち、このような金の調達に迫られ、専ら、裏金欲しさに敢行したものと整理でき、これまでの捜査結果とも符合する。（文章のまま）

「PS」は検察官作成の供述調書。Iは、派閥領袖の元自民党幹事長。Jは派閥領袖の元外相。2人に対する渡辺の裏献金については、次章の「政界ルート」のくだりで詳しく触れる。

渡辺から政治家への資金提供について、金丸が親近感を持つ政治家が中心で、嫌った政治家（宮沢喜一）にはなかったとの分析には説得力がある。自信たっぷりの書きぶりからは、特捜部がその時点までの任意聴取で、すでに渡辺や北祥産業社長らからほめ殺し封じのアウトラインを聴き出していたことをうかがわせる。

同資料には「3ルート全体の構成（冒陳）について検討」の記述もあった。

特捜部副部長の佐渡賢一は、この時点で、東京佐川事件の核心の事実、つまり、金丸＝渡辺＝石井コネクションによる右翼封じが東京佐川元社長の渡辺の石井に対する巨額の不正融資の動機になったことを、渡辺の初公判の冒頭陳述で明らかにする意図を持っていたことを窺わせる。

ただ、この見立てが検察部内で広がらないよう神経を使った節がある。この資料作成前日の5月7日付で検察首脳向けに作成された着手報告書（注3）では、「渡辺がなぜこれほどまでに石井側に対して債務保証をはじめとする経済的支援をしたかの解明（発端となったゴルフ場をめぐるトラブル解決だけではなく、石井が渡辺の要請で種々のトラブル解決に動いた形跡がある）のためにも渡辺ら3人の逮捕・勾留が必要」と訴えただけで、政界のドンが暴力団に内閣樹立の協力を頼んだことなど核心の事実には触れていないのだ。

特捜部が稲川会ルートで暴こうとしている事実は、民主主義の根幹にかかわるスキャンダルであり、公になれば、政権与党が大揺れする。検察は政府の一員である法務省の傘下にある。本来なら、一刻も早く検察上層部や法務省に知らせるべき話だ。

そうしなかったのは、捜査着手前にその事実が検察上層部などに伝わると、政界に情報が漏れて証拠隠滅されたり、政界に忖度した上層部から捜査にストップがかかったりすることを恐れたからではないか、と筆者は推測する。

資料（注5）によると、佐渡は、事実「整理」にそった事件の「筋決め」のため、以下の点について渡辺から早急に聴取することを捜査チームに指示した。

①渡辺が金丸・竹下・小沢と知り合った時期、経緯
②皇民党問題に関する前記のような整理は、妥当か
③多額の裏献金が開始された時期（昭和63年当初からと理解してよいか）
④平和堂不動産産社長らから裏金を受け取るようになる以前には、このような捻出手段は持ち合わせていなかったのか。東京佐川の資金（借入金）だけで対応していたのか。

特捜検事たちはこの捜査方針に沿って逮捕・勾留した渡辺らを取り調べ、供述や物証で事実を固めた。その成果は、渡辺ら3人を勾留満期の6月1日の直前に検察上層部に上げた捜査処理の報告書（注6）で結実する。

特捜部はここに至ってようやく検察上層部に手の内を全面開示する。

報告は「被疑者渡辺が本件特別背任に及んだ動機等」を次のように述べた（太字部分）。原文は段落なしで続くが、読みやすいよう改行を入れた。

渡辺は、古くから佐川清の伝手で同じ新潟県出身の田中角栄と親交を結んでいたことから、同人の側近であった金丸信とも交際していた。

渡辺は、87年9月末ころ、日商岩井ビル内のレストランにおいて、金丸から、「自分は、竹下登が中曽根康弘の後継総裁・首相に指名されるよう運動している。ところが、四国の右翼日本皇民党が、竹下の指名を妨害すべく盛んに街宣活動を行うなどしており、これを抑えられないと、竹下が指名を受けられないおそれもある。何とかならないものか。」などと相談を受けたので、「自分は以前から稲川会の石井進会長を金銭的に支援している。この件の解決を石井に頼んではどうか。」と尋ねたところ、金丸からは「とにかく頼む。」旨懇願された。そこで、渡辺は、直ちにこの件の解決を石井に依頼した。

石井は、かねて交際していた暴力団会津小鉄会幹部（原文は実名・故人）をして、当時、都内において反竹下の街宣活動に従事していた日本皇民党総裁稲本虎翁こと寅翁（91年4月17日死亡）に街宣を中止するよう申し入れさせたが、稲本の聞き入れるところとならなかっ

たため、10月初めころ、石井自ら、赤坂プリンスホテルにおいて、直接稲本の説得に当たった結果、稲本は、竹下が目白の田中邸を訪問して総裁選に出馬する旨を報告することを条件として、街宣の中止を約した。渡辺は石井から北祥産業社長を介して稲本の上記条件を聞いたので、直ちにこれを金丸側に連絡した。

10月5日夜には、東京プリンスホテルの一室において、渡辺・金丸・竹下・小沢一郎が会合して、竹下の田中邸訪問の手はずを打合せ、これに基づき、翌10月6日朝、竹下は、田中邸を訪問し、田中の信任の厚い長谷川信参院議員を通じて田中への面会を申し込んだものの、田中側の意向で門前払いされる結果に終わった。しかし、稲本側は、竹下の田中邸訪問によって街宣中止の条件が履行されたと評価し、街宣から撤退した。

10月20日には、いわゆる中曽根裁定によって竹下が後継の総理・総裁となることが事実上決まったが、同月29日夜、渡辺は、竹下の秘書青木伊平から料亭「吉兆」に呼ばれ、金丸及び青木の同席する場で、竹下本人から、この件について、丁重に礼を言われた。（渡辺・品川・皇民党総裁〈稲本の腹心〉・会津小鉄幹部各PS，東京プリンスホテル伝票、吉兆売り上げ台帳、渡辺ダイアリー）

（）の記述は、事実認定の根拠となる証拠を指す。事実は小説よりも奇なり。ドラマのシナリオでもここまでは書けない。報道されてきたほめ殺し封じとは少しストーリーが違った。

この「竹下ほめ殺し」封じの核心部分に関する東京佐川元社長、渡辺広康の供述調書は1992年11月6日、稲川会ルートの第5回公判で朗読され、報道された。処理報告と内容はほぼ同じだが、より臨場感があり、権力者の機微に触れるやり取りが綴られている。処理報告と内容が重複するが、紹介しておく（太字部分、11月7日の朝日新聞から）。

昭和62年（87年）9月末ごろ、金丸信氏と2人で赤坂のレストランで食事をした。金丸氏は「竹下が後継総裁に指名されるようあらゆる手を打ったが、ひとつだけ心配がある。皇民党が竹下を絶対、首相にさせないと言っていることだ。何とか阻止したい」と言った。私は毒を制するには毒をもってするのが一番と考え、「稲川会に頼めば抑えがきく」と答えた。金丸は一瞬迷ったようだが「今は渡辺社長だけが頼りだ」と賛成してくれた。

仲介に立った石井進稲川会会長は「稲本虎翁総裁によれば、森喜朗や浜田幸一らが『金はいくらでも出すから妨害を中止して欲しい』と哀願してきたが、皇民党は逆にこれをテープに取って、街頭宣伝に使う予定だったらしい。恐ろしいことを考えている」と教えてくれた。
（筆者注：後に、森は、全面否定。浜田は会ったことだけ認めた）

10月3日か4日に、石井会長から田中元首相邸訪問が「ほめ殺し」の中止条件だと伝えられ、すぐに金丸氏に電話した。金丸は「本当によくやってくれた。そのくらいの条件なら明日の朝にでもやる」と言った。ところが、竹下氏は訪問しなかった。問い合わせたら、金丸氏は「日程を調整して6日朝に行く」ということなので、その旨、石井会長に伝えた。

5日に金丸氏から「最後まで竹下が迷っている。東京プリンスホテルに来てくれ」と電話があった。私は竹下氏の優柔不断さに少々腹を立てた。ホテルには竹下、金丸、小沢一郎の各氏と私の4人が集まった。

竹下氏が「面会をまた拒否されたらぶざまだ。どうせダメなんだ。総理になれっこない」という意味のことを言うと、金丸氏は涙を流しながら「田中の親父から反逆者だと言われながら手弁当で経世会を作った。竹下を総理にするためだ。何をいまさら弱気になっているんだ」と激励。小沢氏は何も言わず、ただウロウロする状況だった。

結局、条件をのむことにし、田中元首相の信頼が厚い長谷川信参院議員を通じて面会を申し込むことになった。6日午前2時ごろ、ようやく長谷川氏と連絡がとれた。金丸氏らは「後のことは任せる」と言って退室した。3人と長谷川氏とでは、派閥の中で雲泥の差があり、上の者が下に頼むのはメンツもあってやりづらいのだろうと思った。長谷川氏が3時ごろホテルに来たので私が説明した。

総裁指名後の10月29日に料亭「吉兆」の地下の物置のような部屋で竹下、金丸両氏と会った。竹下氏はテーブルに両手をついて深々と頭を下げ、「このたびは本当にありがとうございました」と言った。10月5、6日の竹下氏の困りきった様子や金丸の激励、小沢氏のろうばいぶりを見ると、この事件が解決できなくては竹下内閣はなかったと思う。民間人の功労者の第一は私だと思う。

浜田幸一問題と「土下座訪朝」批判

石井、渡辺の金丸側への貢献は他にもあった。稲川会ルートの処理報告（注6）は続ける。まずは「浜田幸一衆議院予算委員長辞任問題の解決」。（太字部分）。

88年2月8、9日ころ、渡辺は、金丸の秘書生原正久から電話で、「浜田幸一が2月6日の衆議院予算委員会で共産党の宮本顕治は殺人犯であると発言したので国会が紛糾している。金丸は浜幸（浜田幸一）に予算委員長の辞任を求める考えだが、浜幸は聞く耳を持たない。浜幸は、元々稲川会にいたので、渡辺社長の方から石井に頼んで、石井の力で浜幸を辞めさせてほしい。」旨の依頼を受け、早速、品川社長を通じて石井に金丸側からの依頼を伝えた。

石井は、直ちに昔浜幸の弟分であった稲川会横須賀一家組長（実名、88年11月死亡）に指示して浜幸の説得方を指示したが、浜田がこれに応じなかったため、石井自ら浜田の説得に当たり、2月10日ころには、同人から予算委員長辞任についての一応の内諾を得、品川を通じてこれを渡辺に伝えた。

浜田は、2月12日に、安倍晋太郎自民党幹事長の説得に応じたという形をとって予算委員長を辞任したので、浜田辞任後、金丸は、渡辺に対して礼の電話をしている。更に、金丸は、同年12月23日夜、料亭「藍亭」において、渡辺及び石井と酒食を共にし、両名に対し、重ねての謝意を表明した。

（筆者注：この時の会合は、ほめ殺し封じのお礼も兼ねていた）

他方、この一件の後、金丸の信任を失った浜田は、石井に対して金丸へのとりなしを依頼していたところ、90年に、一時脳腫瘍で入院していた石井が退院したことから、金丸が石井の快気祝いとして同人と渡辺を料亭「藍亭」に招いた席で、石井は、金丸に対し、「そろそろ浜幸を許してやってもらいたい。」旨頼み、金丸も、「石井会長の頼みである以上、竹下派としてはともかく、自分個人としては浜幸の帰参を許そう。」等と答えた。
（渡辺・品川各PS、藍亭伝票及び藍亭から押収された名刺、渡辺ダイアリー）

金丸の元秘書、生原正久は、後に筆者の取材に対し、浜田の件やこの後触れる訪朝問題をめぐる右翼の攻撃について「僕や親父（金丸）が渡辺さんに電話で右翼封じを依頼したことはない。あるとしたら、中尾宏（元衆院議員）さんだと思う。渡辺さんは中尾さんを金丸事務所のメッセンジャーと受け止めていた可能性はある。親父が、渡辺さんに頼んだのは、リニア実験線の起工式のときの一度だけ。山梨から事務所まで右翼につきまとわれ、電話で『何とかならないか』と頼んだ。」と語った。

また、皇民党のほめ殺し封じについては「親父は、渡辺さんと石井会長に感謝していた。石井会長に会ってお礼を言いたい、と渡辺さんを通じて何度もアプローチし、やっと1年余り後に料亭で会えたが、1時間も前に来て、先に末席に座って待っていた。そうした立ち居振る舞いに親父は感激して石井会長に惚れ込んだ。その後、快気祝いをしたかどうか、は知らない」と話した。

続いて「金丸訪朝に対する右翼の抗議問題の解決」。

金丸が90年9月末に北朝鮮を訪問して北朝鮮側の主張に沿う形で「償い」を行う旨を表明したことは、「土下座外交」であるとして右翼勢力を憤激させ、活発な反金丸街宣活動を引き起こすこととなったが、同年10月ころ、渡辺は、金丸の秘書生原から、電話で、「金丸訪朝の件で右翼が騒いでいるので、石井の力でこれを抑えて欲しい。」旨の依頼を受け、早速

品川を通じて石井の側に金丸側からの依頼を伝えた。
石井側においては、直ちに稲川会系の右翼結社理事長（実名）に対し右翼の動きを押さえるよう指示した。理事長は、反金丸街宣活動の中心が、右翼2団体（実名）であることを調べた上、かねて面識のあった団体の会長に電話をし、次いで、キャピタル東急において、同会長と別の団体の会長と面会して、石井の意向等を説明して街宣の中止を求めたところ、2人もこれを了解し、反金丸の街宣活動は中止された。渡辺は、北祥産業社長を通じてその結果を知らされ、直ちに生原にこれを伝えている。（渡辺・品川・右翼団体会長各PS）

金丸は「国対族」仲間の社会党委員長の田辺誠らとともに90年9月に訪朝し、当時の最高指導者の金日成と会談。自民、社会、朝鮮労働の3党共同宣言で、植民地支配への謝罪と償いに触れ、日朝国交正常化に道筋をつけた。ドメスティックな政治家のイメージが強い金丸にとっては、一世一代の大舞台だったのかもしれない。金も、日本の政界のドンの訪朝を歓迎した。しかし、金丸が「リップサービス」で戦後賠償に前向きの姿勢を示したことなどに対し、国内の右派勢力の間で「譲り過ぎだ」との批判が起きていた。

その後、自民党幹事長の小沢一郎も平壌に飛び、91年1月には海部政権による政府間交渉も始まったが、まもなく、警察当局の調査で87年の大韓航空機爆破事件の実行犯、金賢姫・元死刑囚の日本語教育係の李恩恵が78年に失踪した田口八重子と判明。日本側は田口を含めた日本人失踪者について北朝鮮による拉致を疑ったが、当時の金政権は全否定。金丸が道筋をつけた北朝鮮との交渉は決裂した。

金日成は94年7月死去。北朝鮮が否定し続けた日本人拉致を、金の後を継いだ息子の金正日が認めるのは2002年のことだ。

90年秋の右翼団体による金丸街宣攻撃はいったん、収束したが、1年半後に衝撃の事件が起きる。92年3月20日夕、金丸が栃木県足利市の市民会館ホールで行われた衆院選立候補予定者の参院議員を励ます会で講演し、壇上で議員と握手をしようとしたところ、会場にいた右翼団体のメンバーの男に銃撃されたのである。

5メートルしか離れていない通路からの拳銃による狙撃だったが、発射された銃弾は3発とも外れた。「射撃に習熟した者でないと、なかなか当たるものではない」との専門家の意見もあるが、22年7月の安倍晋三を殺害した手製銃の狙撃が5～8メートルの距離で行われていたことを考えると、命中しなかったのが不思議なくらいだった。犯人の男は殺人未遂などの現行犯で警察官にその場で取り押さえられた。

金丸を狙った動機について、翌21日の朝日新聞朝刊記事は、犯人の男が「3カ月ほど前、右翼仲間の集まりで金丸代議士の朝鮮民主主義人民共和国（北朝鮮）における発言が話題になり、『金丸は国賊だ』と思い込んでいたので、俺がやろうと思った」と供述している、と伝えた。犯人が所属したとされる右翼団体は、石井が配下を使って抑え込んだ右翼団体2団体とは別の組織だった。石井はこの事件の半年前に亡くなっていた。それで右翼側は石井に対する義理がなくなり、また金丸攻撃に動き出したということだったのか。

検察上層部の指示で冒頭陳述から消えた「金丸関与」

処理報告（注6）は、続いて「石井によるトラブル解決と債務保証等との関係」に触れる。以下はその要約。

「ゴルフ場の内紛解決直後の85年9月に、東京佐川から北祥産業への最初の2億円貸付が行われ、10月には北祥産業が岩間カントリーの虫食い土地を購入するための第一相互銀行からの5・5億円の借入の債務保証をしている」

「債務保証は、皇民党、浜田問題の解決を挟んで急激に拡大。88年7月末までに北東開発関係で約289億円、北祥産業関係で約155億円、岩間開発関係で110億円、ゴールドバレー関係で135億円の合計約689億円に達し、1年間の債務保証の増加額は約341億円にも上った。しかも、この時期以降の借入は基本的に無担保で行われるようになった。石井関係の債務保証額はその後も膨張し、90年7月末には約990億円に達した」

東京佐川元社長の渡辺広康が、稲川会会長の石井進に金丸信がらみの政界トラブル処理を頼んだ後、石井側の資金要請のエスカレートを断り切れず「蟻地獄」にはまっていった経緯がよくわかる。

次に「竹下・金丸らによる渡辺の支援状況」。報告は、「政商」の小針暦二らが渡辺と金丸らの間で暗躍するさまも生々しく描いている。

まず、「金融機関に対する東京佐川への支援要請」。報告は以下のように記す（太字）。

東京佐川の経営は、91年に入って、稲川会関連企業に対する債務保証等で急速に悪化し、

渡辺、常務の太田はその資金繰りに苦慮するようになった。同年6月、渡辺は、親密な関係にあった福島交通会長小針暦二を通じて、金丸に対し、三和銀行に融資の口利きをしてもらうことを要請し、金丸は、これを受けて、そのころ、親しくしていた三和銀行渡辺頭取に電話をして東京佐川急便の支援方を要請した。

また、金丸は、同じころ、渡辺に対し、電話で、住友銀行に対しては竹下に口利きをしてもらえるよう手配する旨を告げた。渡辺は6月16日ころ、渋谷区内に所在する小針の情婦方において、小針・太田・東京佐川経理係長と共に、竹下と会合し、直接住友銀行に対する口利きを要請した。竹下は、渡辺の要請に応じ、東京佐川側から具体的な再建計画が提出されるのを待って、住友銀行に話をすることを約した。しかるに、7月18日に渡辺は東京佐川の取締役を解任されるなどしたため、金丸・竹下の口添えに基づく金融機関の支援は実現しなかった。（渡辺・経理課長の各PS等）

さらに「佐川清の宥恕（ゆうじょ）を得るための工作」として以下のように記した（太字）。

渡辺・元常務の太田は同年（1991年）7月25日に東京佐川から商法違反で東京地検に告訴され、以後、マスコミの取材攻勢も激しくなったこともあり、世間の目を避けてホテルを泊まり歩くなどしていた。

92年に入り、小針が佐川清の代理人と称する画家の秘書を連れて金丸事務所に赴き、「金丸が電話で直接佐川清に渡辺の復帰等を頼めば、清としても渡辺らに対する告訴を取り下げる用意がある。」旨伝え、金丸自ら佐川清に電話を架けたが、清本人には繋がらず、結局、

清の宥恕を得るには至らなかった。（渡辺のPS）

特捜部の処理報告はこれらの事実をもとに、「東京佐川元社長の渡辺、元常務の太田、北祥産業社長の品川の3人を公判請求することを相当と認める」とし、逮捕した容疑で起訴する了承を求めた。

検察上層部は、特捜部が処理報告で初めて明らかにした、竹下政権樹立の陰で「政界のドン」の金丸が、渡辺経由で「反社のドン」である暴力団稲川会会長の石井に依頼して皇民党攻撃封じで暗躍した事実、そして、それが渡辺の特別背任の動機と密接に関連しているとの見立てを、驚愕の思いで受け止めたとみられる。

「とんでもない事実が出てきた」「法廷で明らかになったら、大騒動になる」

上層部には、深い事実を掘り起こした特捜部の捜査力を称えるより、その事実が公になったとき、法務・検察として政界や世論のリアクションにどう対応したらいいのか、と困惑する思いの方が強かったのではないか、と思われる。

しかし、証拠と法律論をがっちり固めた処理報告の内容自体には説得力があり、渡辺らを起訴する方針自体に異論はなかった。特捜部は92年6月1日、東京地裁に3人を起訴した。

素朴な正義感に燃える佐渡ら特捜検事たちは、この金丸＝渡辺＝石井がからむ「政・財・暴」癒着こそが東京佐川急便事件の本質だと確信していた。渡辺の特別背任罪について裁判所の有罪心証をより確実なものにすべく、動機の立証の一環として検察側冒頭陳述で、金丸＝渡辺＝石井による皇民党封じの事実を詳述する準備を進めた。

その事実が法廷で明らかになれば、金丸らが世論の厳しい批判を受けるのは必至だった。結果として、金丸が政界から退場せざるを得なくなったり、竹下派が分裂して政界再編が起きたりするかもしれないが、事実があるのだから仕方がない――。特捜検事たちはそう考えていた。

しかし、検察上層部の考えは違った。特捜部が皇民党封じの事実を詳細に書き込んだ冒頭陳述の草案を上げると、最高検は「そんなもの、書くな、全部削れ」といってきたのである。「それでは、特別背任の動機が分からなくなる」と特捜部側は抵抗したが、通らなかった。問答無用だった。

結局、92年9月22日の渡辺の初公判で朗読された検察側の冒頭陳述の関係部分は、「かねて交際のあった政治家がいわゆる右翼団体の活動に苦慮していることを知り、直ちにこの件の解決を石井進に依頼したところ、同人の尽力により同年10月上旬ころ同団体はその活動を中止した」とさらりと触れるにとどまった。

「最初は（冒頭陳述書の）４ページ分ぐらい書いていた。そうしたら、経済事件なのに何でこんなこと書く必要あるんだ、と最高検は怒った。五十嵐さんが、がんばって交渉してくれたのでやっと何行か残った。まあ、これだけあれば、分かる奴には分かる、と納得せざるを得なかった」と佐渡は後に語った。

特捜部長として最高検と渡り合った五十嵐紀男によると、「実名を書くな、削れ」の一番の強硬派は最高検次長検事の土肥孝治だった。

「運送会社の社長がヤクザに過剰融資したというのが、犯罪事実。動機ではあっても、不正融資の犯罪事実よりも、政治家の関与の方が注目されるような書き方は、検察のすべきことじゃない」というのが土肥の意見だった。

「しかし、事実である以上、その責任は政治家が取るべきであり、検察が遠慮する事柄ではない。他の経済事件では必ず記載する動機・目的をことさら記載しない方が、一般国民には検察が政治家に卑屈になっているように映る。だからきちんと記載すべきだったと反論した。その考えはいまも変わらない」と五十嵐は後に振り返った。

土肥は、筆者が毎日新聞の大阪司法記者クラブで検察取材を担当したときの大阪地検特捜部長。1958年検事任官。大阪地検特捜部の一線検事時代に「大阪タクシー汚職事件」の捜査で贈賄側の取り調べを担当。頭角をあらわした。正義感が強く、記者を大事にする検事だった。

大阪地検特捜部長時代に、大阪府警の警官がゲーム機業者から賄賂を受け取って捜査情報を漏洩したゲーム機汚職事件を摘発したが、収賄が起きた当時の大阪府警本部長だった警察大学校長が自殺した。

自殺の原因は明らかでないが、土肥は上司の検事正に「お前のおかげで友達をなくした」と責められた。検事正室から真っ赤な顔で出てきた土肥が「何もなかったら死ぬかい」と吐き捨てたのを筆者は間近で聞いた。

大阪地検検事正時代の1991年には、イトマン事件、尾上縫事件と大型経済事件を相次いで摘発。東京地検特捜部が「稲川会ルート」の処理報告を検察上層部に上げた92年5月27日付で次長検事に起用された。土肥は、事件の筋読みにたけ、また現場の意見を尊重した。当時の法務・検察首脳の中では、特捜部長の五十嵐や副部長の佐渡ら現場の検事の気持ちを最もよく理解していた検事のひとりだった。

「冒頭陳述から削れ」は、土肥個人ではなく、法務・検察首脳の意思だった。当時の検事総長は岡村泰孝（55年任官）、東京高検検事長が藤永幸治（56年任官）。法務省では法務事務次官が土肥の同期の根来泰周、刑事局長が濱邦久（59年任官）、官房長は則定衛（63年任官）という布陣。土肥以外のほぼ全員がいわゆる「赤煉瓦派（法務行政畑）」だった。

検察実務を取り仕切る次長検事の土肥は、「赤煉瓦派」の意を呈して特捜部を説得、あるいは命令に従わせる、嫌われ役を担わされていたのかもしれない。

先にも触れたが、検察には、戦前の軍や右翼と連動して政官財の要人を摘発した帝人事件で「事件を捏造した」として「検察ファッショ」批判を受け、大ダメージを受けた苦い記憶がある。それゆえ、政局に影響を及ぼす可能性のある捜査の着手には極めて慎重だ。

善意に解釈すれば、法務・検察首脳らは、東京佐川事件で金丸の皇民党封じを冒頭陳述書に記載することが、「犯罪の嫌疑対象に当たらない政治家の行為を法廷で暴くのはタブー」とする検察権行使のルールに抵触すると判断した、とみることもできる。

しかし、この種の問題は、自制がゆきすぎれば国民は「政治への忖度」と受け止める。それで国民の信用・信頼を失えば、それこそ検察は存在意義を失う。

土肥は、この後、大阪高検検事長、東京検事長を経て検事総長にまで昇りつめた。検事総長は同期の根来泰周が本命だったが、現場派の検事総長、吉永祐介が赤煉瓦派の根来を嫌い、禅譲を拒んだ。そのため根来は東京高検検事長で定年退官。土肥に検事総長のお鉢が回ってきたのだ。

次章で詳細を明らかにするが、特捜部が、渡辺が金丸に5億円の闇献金をしていた事実を把握したのは92年5月。その原資を調べる過程で新潟県知事の金子清に対する闇献金事件も浮上した。闇献金を受領した当時、金丸は閣僚ではなく国会質問などにも立っていなかった。つまり、贈収賄の対象となる職務権限がなかった。いくら政治的実権があっても、収賄容疑を立てるのは困難だった。

そういう金丸関連の情報は密かに最高検や法務省に上がっていたのかもしれない。

土肥は退官後、冒頭陳述から金丸の実名などを削除させた件について「当時は、政治家にカネが行くと、贈収賄事件というイメージがあった。事件にならないのに名前が出ると、贈収賄と世間に疑われる、というので配慮した。これは最高検の判断だ。法務省などが注文をつけてきたことはない」と筆者に語った。

土肥は98年6月に検事総長を退官し大阪で弁護士を開業。関西電力など大企業の監査役などを歴任し、関西のヤメ検グループのドンとして君臨したが、２０２３年8月1日、死去した。90歳だった。

検察は上意下達の統制社会。検察上層部の意を受けて、特捜部は泣く泣く、東京佐川事件稲川会ルートの冒頭陳述から、政界のドン、金丸がかかわった右翼の竹下攻撃封じの事実の詳細を削除した。

マスコミの一部は、冒頭陳述でほめ殺し封じの詳細な事実が記載されるのを「担保」に金丸＝渡辺＝石井がかかわる政治スキャンダルを報道しようとしていたが、冒頭陳述から削除されることを知って一歩引き、金丸の関与報道を回避した。

冒頭陳述で金丸の関与を公表する特捜部の狙いは潰えたかに見えた。しかし、佐渡ら捜査チームはあきらめていなかった。

検察上層部による「金丸関与」削除の理由のひとつは、金丸が、渡辺の特別背任事件の直接の被疑者ではなかったことだった。ならば、東京佐川事件の関連で金丸本人が関わる違法行為を9月下旬と想定されつつあった渡辺の初公判までに摘発すれば、渡辺の背任動機と関連付けて冒頭陳述に再登場させることができるのではないか――。

材料はあった。それが渡辺から金丸への5億円闇献金だった。職務権限のない金丸に収賄罪を問うのは端から困難だったが、5億円が政治団体の収支報告書に記載された形跡はなかった。政治資金規正法に抵触する疑いがあったのだ。マスコミの一部もそれを察知していた。しかし、その捜査も簡単ではなかった。

第3章 政界ルート捜査の困難

元首相ら政治家12人に23億円の闇献金

話を、特捜部のもうひとつのターゲットだった政界捜査に転じる。

佐川グループを束ねる佐川清、東京佐川急便元社長の渡辺広康とも、それぞれ有力な政界人脈を持っていた。佐川グループから巨額の資金が政界に流れ込んでいたのは知る人ぞ知る事実だった。

国会では、たびたび佐川急便側が政治力を使って路線免許を取得したり、道路運送法違反の行政処分をもみ消したりしたのではないか、などの追及が行われていた。政官財界やマスコミの一部は、東京佐川急便事件がリクルート事件を上回る「疑獄」に発展する可能性もあると見ていた。

かく言う筆者もその一人で、渡辺が政官財から暴力団・右翼まで自らが関わった事実を洗いざらいしゃべれば、大事件の摘発につながるとみていた。1992年2月に特捜部が渡辺らを逮捕してからは、何が出るか、と期待を膨らませたものだ。

しかし、3カ月がすぎ、捜査が稲川会ルートに入るころには政治家を収賄事件で摘発するのは難しい、せいぜい、政治資金規正法違反を立件して終わりではないか、と思い始めていた。

稲川会会長の石井進らへの資金支援で会社に損害を与えたとする特別背任容疑については、図利加害目的など犯罪認識については否定しつつも、事実関係については正直に供述した東京佐川元社長の渡辺が、こと政治家への資金提供となると特捜部の厳しい追及にもかかわらず、とぼけたり、はぐらかしたり、さっぱり具体的な事実を供述しない――という話が聞こえてきたためだ。

それでも、特捜部は周辺関係者の供述や経理記録、ダイアリーなどをもとに渡辺をなだめすかして一応の供述を得、政治家への裏献金状況をまとめたリスト（注7）を作成した。渡辺が88年3月から91年5月まで19回にわたり総額23億6000万円を裏献金したとするもので、第1章で記した朝日の「政治家十数人、21億円」はこの資料の概要を取材・報道した。登場する政治家は金丸信をはじめ12人。元首相が3人、官房長官や閣僚、自民党幹事長を務めた有力政治家がぞろぞろ。

金丸以外の政治家については渡辺の供述調書はなく、検察もそれら政治家本人や周辺などの裏付け捜査を行っていない。そのため、政治家は匿名とした。読者には、そういう性格の資料として見ていただきたい。Aは当時の政界長老の元首相、BはAの派閥の元官房長官、Cは野党党首、Dは短命政権に終わった元首相、Eは派閥領袖クラスの元首相、Fは北陸選出の衆院議員、GはEの派閥の元運輸相。HはEの派閥のプリンスといわれた元自民党幹事長。IはEのライバルだった派閥領袖の元自民党幹事長。Jは派閥領袖の元外相。Kは元文相。IとJについては、「稲川会ルート」にかかわる特捜部の資料（注5）でも、渡辺の闇献金先として名前が出ていた。

リストは横書きで、「番号」「交付時期」「金額」「交付先」「交付場所・方法」「関連事項」の順に記載されている。

「関連事項」では、現金授受の前後の渡辺と政治家の料亭での会食やその代金負担。政治家による東京佐川訪問。料亭でその政治家に対する資金提供を金丸から頼まれたこと、元幹事長から10億円の資金支援を要請されたことなどが具体的に書かれている。渡辺がある程度、説明しないと、ここまでは書けないと思われる。（太字部分。カッコ内は筆者注）

1　1988年3月上旬　1億円　A　事務所　A本人に手交　88年3月7日、Aと波むら（料亭）で会食　Aの招待、請求書無し確認済

2　88年4月中旬　1億円　B　議員会館の事務所でB本人に手交　88年4月15日、B、東京佐川訪問

3　88年4月下旬　5000万円　C　議員会館の事務所　C本人に手交　88年4月19日、同代表と川崎（料亭）で会食　東京佐川宛に198860円の請求書有

4　88年4月23日　1億円　D　東京佐川急便玄関　D本人に手交　88年4月22日、D、東京佐川急便を訪問

5　89年6月9日　5億円　金丸信　金丸事務所のあるビル地下駐車場　生原秘書に手交　89年1月か2月ころからの依頼

6　89年7月中旬　1億円　E　E事務所　秘書に手交　89年7月12日、炭鉱・汽船会社社長（実名）邸でEと会う。

7　89年7月27日　1億円　F　東京佐川急便　F本人に手交　選挙の後始末資金を要請される。

8　89年9月16日　5000万円　G　東京ドーム駐車場　G本人に手交　金丸からGを頼

まれる。平和堂不動産社長からの裏金を充てる。
9　89年12月12日　1億円　H　議員会館事務所　秘書に手交　89年12月11日、福田家（料亭）でH、元衆院議員と会食　同12月19日、吉兆（料亭）で金丸、Hと会食
10　90年1月　3億円　I　東京佐川急便で秘書に手交　90年1月10日、川崎（料亭）でIから10億円要請される。
11　90年1月下旬　2億円　I　東京佐川急便で秘書に手交
12　90年3月23日　1億円　I　I事務所でI本人に手交
13　90年4月26日　1億円　I　I事務所でI本人に手交
14　90年4月末　1億円　J　議員会館事務所　秘書に手交　90年4月24日、吉兆でJと会食
15　90年6月13日　1億円　E　E事務所、本人の面前で秘書に手交
16　90年7月14日　1億円　A　A事務所で本人に手交　90年7月12日、波むら（料亭）でAと会食
17　90年12月末　1億円　I　I宅で本人の妻に手交　90年12月12日、Iの派閥議員の娘の結婚式（出？）席　Iから依頼あり。
18　91年4月27日　3000万円　K　帝国ホテルロビー　本人に手交　91年4月中旬、本人から電話で依頼あり
19　91年5月9日　3000万円　H　H事務所で本人に手交。

合計23億6000万円。

　特捜部は23億円を超えるこの東京佐川元社長の渡辺の裏献金の原資を特定するため、東京佐川急便や元社長の渡辺個人の銀行口座を調査。銀行からの融資や証券会社からの入金、東京佐川からの貸し付けなど金の動きを詳細に分析した。

　さらに、政治家への資金提供原資の一部と見立てていた平和堂不動産社長の中野史郎から渡辺に対する現金の提供についても調べ、リストにしていた（注8）。それも掲載する。（太字部分）。

　こちらも「番号」「金額」「原資」「備考（使途並びに返済及び回収状況等）」の順に記載されている。平和堂不動産グループの経理資料や金融機関との取引記録をもとに、渡辺と中野が特捜部に説明したものとされている。

1　88年2月12日　1億円　「誠廣」社長からの裏金
2　88年3月14日　1億円　中野からの裏金
3　89年4月4日　1億円　中野からの裏金
4　89年6月7日　1億円　中野からの裏
5　89年7月中旬　1億円　中野からの裏金　渡辺は新券を希望
6　89年8月1日　5000万円　中野からの裏金　授受時、渡辺は「これから福田家に行く」旨供述
7　89年10月25日　1億円　中野からの裏金

8　89年11月21日　2億円　中野からの裏金
9　89年12月21日　1億円　中野からの裏金
10　89年12月27日　2億円　中野からの裏金
11　90年1月30日　2億円　中野からの裏金
12　90年2月20日　1億円　中野からの裏金
13　90年4月17日　2億円　中野からの裏金
14　90年6月1日　1億円　中野からの裏金
15　90年7月17日　1億円　中野からの裏金
16　90年12月17日　2億1633万円　ハワイマンション代金　マンション残代金
2億1633万円を中野が送金
17　90年12月28日　1億円　中野からの裏金
合計21億6633万円

1の「誠廣」は、先に触れた、渡辺が個人資金をつくる目的で株ブローカーとともに設立し資金付けした会社。社長は中野が引き継いだ。このリスト作成時点（92年5月27日）で、特捜部は3と4の各1億円が金丸5億円闇献金の原資になったと見立てていた。「誠廣」分とマンション貸し付けを除くと、中野から渡辺に流れた裏金について特捜部は18億円と見立てていたことがわかる。特捜部は、渡辺からの闇献金リスト（注7）記載の政治家に渡辺側から記載額のカネが動いた蓋然性は高い、と判断していた。しかし、いずれの政治家も、リストのカネの受領時点で大臣など公職に就いておらず、ただちに贈収賄での立件ができるケースはなかった。

最も多額なのは、自民党元幹事長のI。5回にわたり計8億円というのは群を抜いて多い。Iは政商の小針暦二と親しく、その関係で渡辺とも接点があったとされる。90年1月に赤坂の料亭で10億円の寄付を要求し、同月中に5億円を受け取ったことになっている。90年2月には総選挙が実施された。この5億円は派閥議員らの選挙資金に充てた可能性もある。

リストに上がった数人は、捜査当時、東京佐川急便からの献金疑惑をマスコミに報じられたが、いずれも受領を否定。名誉毀損などで刑事、民事で訴えたが、その後和解している。

沈黙を貫いた東京佐川元社長

一覧表には、不可解な点もあった。

小針の関係で渡辺と親密とみられていた東北出身の有力政治家への裏献金がリストアップされていないのだ。この政治家は運輸、通産相などを歴任。Iの派閥を継承した。金の噂が絶えず、特捜部が東京佐川事件の強制捜査に乗り出した際、事件が政界ルートに拡大するとすれば、最有力のターゲットになるといわれていた。

第1章で、渡辺の弁護人の赤松幸夫が小沢に対して伝えたとされる「特捜部が追及している別の派閥の領袖」はこの政治家を指すとみられる。渡辺はこの政治家については捜査協力を拒んだとみられる。

渡辺はこの政治家へのカネをＩへの裏金にカウントした可能性もあると筆者はみている。渡辺はこれら12人の政治家に資金提供したこと自体は渋々認めたが、その趣旨やカネを渡した具体的な状況などについては供述を拒んだ。金丸以外は供述調書の作成にも応じなかったとされる。

特捜部長として東京佐川事件の捜査を指揮した五十嵐紀男に退官後の２０１１年、政治家ルートが不調に終わった理由を尋ねた。五十嵐は、筆者が入手した渡辺の闇献金リストについて特捜部が作成したものと認めたうえで、以下のように語った。（太字部分、注９）

このリストは記憶にある。当時、特捜部が作ったものに間違いないだろうね。大きなカネが動いている、これはリクルートを上回る疑獄事件になるかもしれない、と思ったが、結局、リストは渡辺社長の供述メモをもとに作成したもので、供述調書にはなっていなかった。このリストの中で渡辺社長が供述調書に応じたのは、金丸氏のところだけだった。それも、金丸氏側が収受を認めた後だった。

当時の特捜部で一番といわれた実力派の検事に取り調べを担当させた。でも、調書にすることができなかった。供述しても調書にならなければ、証拠として使えない。供述情報を基に政治家の捜査に切り込んでも、どうせ否定され、人騒がせだけで終わってしまう。巨額の裏金が政界に流れた事実は間違いないと思うが、結局、贈収賄はもとより政治資金規正法の適用で政治家を摘発することも金丸氏以外はできないまま終わってしまった。

渡辺元社長は、ことの重大性を知っていたと思う。自分が調書の作成に応じたら、次々に

政治家が検察に呼ばれると考えたのではないか。だから、検事との雑談には応じても、いざ調書となると応じなかった。

しかし、1989年のリクルート事件では、派閥の領袖に流れた億単位の献金が政治資金規正法違反に問われた。ただちに贈収賄事件に結び付かなくても、少なくとも、リストに登場する政治家は、金丸同様、政治資金規正法違反の摘発対象になったのではないか。

五十嵐がいう。

リクルート事件の政治資金規正法違反摘発は、みな秘書どまりだった。カネの領収証が政治団体宛てで、会計責任者である秘書の犯罪にしかならなかった。例の、「秘書が、秘書が」ですよ。渡辺献金リストの政治家について宛先を政治家本人と見立てて捜査しても、秘書が政治団体で受け入れたと主張すると逃げられる要素があった。しかも、渡辺社長の具体的な供述調書がない。

おそらく、金丸氏のように本人が認める人はいない。秘書も認めない。そうすると、いざ手をつけると、世間を騒がせただけでお終いということになりかねない。東京佐川からはいろんな人にカネが行っている。表処理の人もいれば、裏で処理している人もいるだろう。これだけの政治家を片っ端から呼んだら大変なことになるな、と思った。

制度としていいのかどうかわからないが、あれだけ、政治家にカネがばらまかれていて、それに対して検察が摘発する手段は政治資金規正法しかなかった。しかも抜け道だらけのザル法ときている。それでは検察は動けない。素材としては大疑獄級のネタだった。振り返っ

てみて、やりたかったな、というのと、やらなくてよかったな、というのと両方ある。

リストの中の元運輸相のGへの「89年9月16日、5000万円」は、カネを渡した場面が、他のケースより具体的だ。運輸大臣在任中の受領ではないが、Gは運輸族の有力議員だった。特捜部が監督行政にからむ贈収賄を疑ってもおかしくなかったのではないか――。

その通り。G氏の分については、取り調べ担当の検事に渡辺社長を厳しく追及するよう求めたが、結局、渡辺社長ははぐらかし、調書に応じなかった。この供述メモの内容自体は間違いないと思う。だけど、摘発根拠となる供述証拠を得られなかった。佐渡副部長や取り調べ担当検事が「きちんとまとめますから、まとめますから」と言っているうちに終わってしまった印象だ。

東京佐川元社長の渡辺は、特別背任の犯意は別にして、平和堂不動産ルートや稲川会ルートのカネの流れの事実関係については、ほぼ検察の見立てどおりに供述したが、政界への裏金提供については金丸信への5億円闇献金と新潟県知事の金子清側への1億円提供以外、事実上、ほとんどまともに供述しなかった。

それが、特捜部を苦しめ、結果として、「リクルート事件以上の疑獄に発展する可能性がある」とされながら、政治家の収賄摘発は一件もなしという、事実上の「負け戦」で捜査を終結させることになった。

そうした中で、渡辺は金丸への資金提供だけは、具体性のある話をした。それとて、自ら進んで説明したわけではなかったとみられるが、特別背任の動機に金丸が深くかかわるため、事実として説明をせざるを得なかったとみられる。金丸ほどのかかわりがない、あるいは検察がまだ情報を持たず、関心を示していない他の政治家への裏金については、積極的に話す必要はない――。渡辺はその点では確信犯だったと思われる。

渡辺が洗いざらい特捜部に裏献金の実態を語れば、与党から野党まで大きなダメージを負うのは火を見るより明らかだった。当時、政界では、リクルート事件の記憶がまだ生々しかった。同事件では、未公開株取引による利益提供や裏献金が発覚して大物議員が次々と公職を去り、最後は内閣まで崩壊した。政権与党の政治家たちの間には、「政治とカネ」のスキャンダルは政変につながりかねない、という危機感があった。

当然、渡辺には、いろいろなルートで政治家や政党側から「しゃべらないで」と陳情やプレッシャーがあったことが想像される。それも、渡辺の「沈黙」の一因だったろう。

ただ、筆者は、もうひとつ、渡辺を勇気づけ、はやる検察をいなし続けることができた外的な要因もあったと見ている。第1章で簡単に触れた特捜部の違法捜査問題である。

特捜部は92年4月10日、渡辺の主任弁護人の赤松の弁護士事務所を捜索し、赤松が渡辺と拘置所で接見した際の話の内容を記述したノートを押収した。ノートには、渡辺から金丸信への闇献金などにかかわる記載もあったとされる。

特捜部の本来の捜索目的は、渡辺が赤松に預けたとされる私的なメモの差し押さえだった。それ自体は裁判所が発付した捜索令状にもとづいて行われ、違法でも何でもなかった。しかし、接見ノートの押収は、被疑者と弁護人の接見交通権の侵害に当たり、明らかな違法行為だった。

渡辺の弁護人の赤松は「接見ノートの違法押収で、特捜部はノートの内容にからむ話、つまり金丸らの案件では渡辺を立件しないと約束した」と受け取め、その認識を依頼人の渡辺と共有していた。

特捜部長だった五十嵐は「ノート押収はこちらのミスだが、それを理由に赤松君がこちらに何かの譲歩を迫ったことはない。赤松君が検察にアドバンテージを持ったと受け止めていたとしたら、意外というほかない」とこの違法捜査を材料にした「取引」を否定する。

しかし、渡辺が、それによって特捜部の弱みを握ったと考え、取り調べ検事に対しても、ある種の「優越的な地位」を意識していた可能性は否定できない。それは、自信と精神的な余裕につながる。それゆえ、取り調べ検事があの手この手で厳しく追及しても、適当にあしらい、追及をかわし続けることができたのではなかったか。

結局、渡辺は、特捜部が政治家ルートでかろうじて立件にこぎつけた金丸に対する5億円闇献金事件、元新潟県知事の金子清の政治資金規正法違反事件では、いずれも不起訴処分となった。本来なら、資金提供側の共犯として訴追されても不思議ではないとの見方もあった。

ザル法の壁——立件困難に傾いた5億円闇献金捜査

第2章で述べた「冒頭陳述」削除に対する特捜部の「リベンジ」の話に戻る。

金丸本人の違法行為を何とか摘発したいと考えていた特捜部副部長の佐渡賢一は、渡辺から金丸への5億円闇献金について、政治家摘発の王道とされてきた収賄容疑で立件できるとは端から考えていなかったと思われる。

　繰り返しになるが、金を受領したと見立てた時期に金丸は大臣など政府の公職には就いておらず、国会質問などで国会議員としての職務行使をしたこともなかったからだ。つまり収賄罪成立の要件である公務員としての職務権限がない。

　渡辺は金丸を、佐川グループ内での自らの地位を維持するための政治的バックと位置付けていた。佐川清の証言によると、渡辺は91年7月12日に佐川清邸を訪問した際、佐川に「当局に捕まるぞ」と言われ、「大丈夫。私には、金丸、竹下がついている」と啖呵を切ったという。そうした事実からしても、渡辺が「後見謝礼」として金丸に5億円の裏金を提供したと見る方が素直だった。

　金丸がその5億円を個人的に蓄財していれば、脱税に問える可能性もあったが、金の出入りが激しい大物政治家の脱税の証拠となる「たまり」（隠し資産）を見つけるのは容易なことではなかった。罪に問える可能性があったのは政治資金規正法違反だった。5億円が政治家、金丸本人宛ての寄付だったとすれば、政治家本人の寄付の量的制限違反が成立するが、特捜部は、政治家本人がそれを認めることはまずない、と考えた。

　政治家本人宛てでないとすると、政治団体宛てだったことになる。金丸側の政治団体の政治資金収支報告書には5億円の収入、支出の記載がなかったため、収支報告書の不記載・虚偽記入罪に当たる可能性があった。政治団体の収支報告書の不記載罪の主体は「会計責任者」と明記されている。同罪で金丸の罪を問うには、会計責任者との共謀立証という厚い壁があった。

一方、虚偽記入罪については、主体を明記していない。嘘を書くのは誰でもできる、との解釈をとれば、政治家本人の立件は可能だ。立証には不記載と同様の困難が待ち受けているが、やってみる価値はあると特捜部は考えたとみられる。実際、特捜部は、佐川側に金の無心をした新潟県知事の金子を虚偽記入容疑で立件した。

特捜部は金丸にわたった東京佐川側の5億円の調達経緯の捜査に全力を挙げる。

ふたたび、捜査記録を辿る。

稲川会ルートの処理報告と同時期に作成されたとみられる特捜部の捜査メモ（注10）は、以下のように記している。

渡辺の裏献金の基本的な性格付けを解明する。稲川会ルートで解明された渡辺と金丸（竹下）の関係に立って一定の目的（意図）を持った裏献金として整理が可能と思われる。渡辺の裏献金は、佐川清から指示（要請）されたものと渡辺の判断によるものに二分され、後者は、金丸（竹下）の要請あるいはその意向を受けたものであって（他派閥、野党であっても）、単なるタニマチ的なものとは思われない。

東京佐川の政界闇献金には、佐川グループオーナーの佐川清の意を受けたものと、渡辺個人の動機に基づくものがあること、渡辺が金丸の依頼で稲川会の石井を使って皇民党の竹下攻撃を封じた後に渡辺が金丸に用立てた5億円は金丸側の要請によるものと見立てていることを示す。そして、特捜部が、佐川の指示と渡辺個人の意図が混じりあって金丸への5億円などの裏金の原資が作られた舞台と見込んだのが、先に触れた新潟県知事の金子清に対する政治資金規正法違反事件だった。

特捜部は、渡辺らに対する一連の特別背任事件の捜査の過程で、渡辺が佐川清の指示で89年6月施行の新潟県知事選挙に立候補した副知事の金子らに対し3億円の選挙運動資金を提供していた事実を把握した。このうち1億円について金子と陣営幹部2人が金子の後援団体「清新で活力ある県政をすすめる会」の収支報告書に虚偽の記入をしていたとして9月28日、金子らを起訴。残り2億円については、地元選出国会議員らに流れた疑いがあったが、容疑が固まらず、政治資金規正法違反などでの訴追を見送った。

金子自らが、新潟県出身の佐川清を訪問して選挙資金支援を要請し、「佐川の御用知事」と言われるのを回避するため献金事実を隠蔽した悪性の強い事件だった。さらに、立件は見送られたが、県知事就任後に佐川側への便宜供与も疑われた。

こちらも、金丸5億円闇献金と同様、実質的悪性があった。そこに切り込むのに贈収賄ではなく、政治資金規正法違反を適用したのは、検察としては新機軸だった。

94年10月25日、新潟地裁は金子の虚偽記入の共謀など検察側主張をすべて認定。「清廉であるべき知事の地位を著しく汚したことはもとより、政治不信をいっそう募らせた」と金子に禁錮1年執行猶予3年（求刑禁錮1年）を言い渡し確定した。

稲川会ルート起訴後しばらくして作成されたとみられる捜査資料（注11）では、「金子清新潟知事関係（政治資金規正法違反）」の「事案概要」（事件のストーリー）がまとめられた。（太字はそこからの引用）

「君（健男）知事辞任によって行われた平成元年6月4日投票（5月15日告示）の新潟県知事選挙に当たり、副知事から出馬して当選した金子清は、佐川急便会長佐川清に全面的な支援を要請し、同グループから選挙資金として金3億円の裏献金を受け、政治資金規正法上の届け出を怠ったもの。なお公職選挙法違反関係は時効成立」

「佐川清、渡辺広康、各主管店社長ら佐川グループの関係者、当時の黒埼町長（金子と佐川を取り持った）らを取り調べ済であり、佐川グループが金子の要請を受けて金3億円の裏献金を行った事実は十分に認められる」

金子は89年5月6日か8日に、佐川清から金子支援の指示を受けていた渡辺に「とりあえず、3億円のうち1億円を提供してもらいたい。使いの者を送る」と電話。10日に代理人が取りに来ることになった。それを受けて、渡辺の資金調達が始まる。

平成元年（1989年）5月9日、東京佐川、三和銀行亀戸から現金3億円を出金。

5月10日、金子の代理として民放報道局長（資料では実名）と1名（金子選対の者と見られる）が東京佐川に来社。渡辺、金子の依頼に従って局長に1億円を手渡す。

5月10日、京都佐川社長、1500万円の分担金持参。

5月10日、大阪佐川社長、2000万円の分担金持参。

5月10日、北陸佐川社長、1億円の分担金持参。

5月10日、中国佐川社長、1500万円の分担金持参。

5月11日、中京佐川社長、2000万円の分担金持参。

5月19日、東京佐川、三和銀亀戸から現金1億3000万円を出金。

5月24日、新潟県選出代議士（資料では実名。渡辺の政治家への現金交付状況一覧表のF）が東京佐川に来社。「俺が2億円を佐川の名代として届けさせてくれ」と申し入れる。渡辺、同代議士に2億円を預ける。金子からのその旨の電話を受ける。…前自民党新潟県連会長（資料は実名）事務所に届けたと見られる。2億円は、金子陣営から県連に寄付されたと見られ、この処理には、前県連会長が当たったと思われる。

5月27日、東北佐川社長代理、1500万円の分担金持参。

6月3日、東京佐川、4億円を渡辺貸付金として経理処理。

6月9日、渡辺、金丸信に参議院選挙資金として5億円を裏献金（3億円に平和堂グループからの2億円を加えたもの）。


そして、特捜部は92年8月、新潟県知事の金子清側に対する詳細な捜査結果をまとめた。（注12）その中で「金丸への献金」の一項を設け、東京佐川元社長、渡辺の金丸に対する5億円闇献金事件についての見立てを記述した。それは以下のようなものだった。

渡辺は（89年）5月9日、各社の分担金の持参が遅れる場合に備えて現金3億円を東京佐川で用意したものの、東北佐川及び九州佐川分を除きスムーズに現金が集まったことから、立替金相当額の3億円を、かねてから資金提供を要請していた金丸信に対する献金に充てようと考えた。そこで、渡辺は同月18日ころ、（東京佐川元常務の）太田に対して、自社及び集金未了の2社分合計1億3000万円を準備するように指示し、これを受けて同人は東京佐川経理課員をして翌19日に同額を三和銀行亀戸支店から引き出させた。

この結果、当初の立替に備えての準備金3億円から金子の使いに渡した1億円を引いた2億円、これに各社が持参した分担金合計1億7000万円、そして前記1億3000万円を加えた合計5億円の現金を元常務の太田が管理するところとなり、このうちの2億円が、前述のとおり、金子への選挙資金の残金としてF（自民党代議士）に託された。

渡辺は、同代議士に託した後に残った現金3億円に平成元年（89年）4月上旬、平和堂不動産社長の中野から裏金として受け取り東京佐川社長室横の仮眠室に保管してあった現金1億円を加え、さらにそこに1億円を足して5億円にしてこれを金丸への献金原資に充てようと考えた。

そこで渡辺は、同年5月末又は6月上旬ころ、中野に対して「ちょっと入り用だから、1億円を用立ててくれ」と依頼し、この依頼を受け入れて同社長が同月上旬に現金1億円を持参したことから、同月9日、自ら現金5億円を千代田区永田町所在パレ・ロワイヤルビルに運び込み、金丸の秘書生原正久に手渡した。

おそらく、この捜査報告書が作成された時点で、渡辺は特捜部に対し、金丸に5億円闇献金をしたこと自体は供述していたと思われる。また、平和堂不動産社長の中野も5億円授受に近接する計2億円について渡辺への資金提供を供述していたとみられる。

一応、整合性のとれた事実認定である。しかし、この日付の特定が後で問題となる。

金子事件の内偵捜査は比較的スムーズに進んだが、金丸5億円闇献金の捜査はまもなく暗礁に乗り上げる。

渡辺から金丸に提供された裏金5億円について、政治家本人の寄付の量的制限違反が成立するには、金丸本人が「自ら受け取った」「寄付の量的制限を超えた」と認識していることが必要だった。「認識」を確認するには金丸本人の取り調べが必要だが、金丸本人が応じなかった場合にどうするか。量的制限罪は最高で罰金20万円。強制捜査するには微罪すぎるとの見方があった。

しかも、特捜部が捜査している時点では、渡辺は「平成元年（89年）6月9日、5億円、金丸信に。金丸事務所のあるビル地下駐車場で生原秘書に手交。元年1月か2月ごろからの依頼」と供述した。その通りなら、量的制限違反の公訴時効の3年はすでに完成していることになる。そもそも立件は不可能だった。

一方、5億円闇献金を隠す虚偽記入罪は、量的制限違反と同様に政治家本人の故意の立証が必要だったが、故意を裏付ける証拠が出て来なかった。会計責任者との共犯で不記載罪に問う可能性も探ったが、5億円の受け渡しと経理処理にかかわった金丸秘書の生原は指定団体の「代表」ではあったが、会計責任者ではなかった。会計責任者は山梨県の農家の男性で、政治資金の扱いを含め事務所の事務には一切関与していなかった。犯罪の主体となるべき会計責任者に実体がなければ罪に問うことは困難で、当然、その人との共犯で生原や金丸の刑事責任を問うのは難しい。

実質的に団体の経理を統括している生原を会計責任者の共犯で不記載罪に問うことは可能とみられたが、金丸本人の犯罪とならなければ摘発価値はない。

つまり、金丸を冒頭陳述に実名で復活記載させることに対する検察上層部の支持は得られないだろう……。「秘書だけ挙げてもなあ……」。特捜部の捜査は行き詰まった。

92年8月上旬の段階で東京佐川事件の「政界ルート」捜査で確実にものになりそうなのは、金子清新潟県知事の政治資金規正法違反事件だけだった。「リクルートを上回る疑獄」との前評判からすると、寂しい結果だが、京都の本部を含めた佐川急便ぐるみで選挙資金を拠出した事件という意味付けはできそうだった。2月から走り詰めだった佐渡ら捜査チームは、夏休み明けに強制捜査に着手すべく準備作業を終え、長い夏休みに入った。

「立件困難」の認識が共有されると、検察の捜査情報管理のハードルは下がる。

政界のドンに対する5億円闇献金は政治腐敗を象徴する重要な事実だ。事件にできないのなら、マスコミで問題提起してもらっていいのではないか……。

金丸5億円闇献金のスクープ記事が出るのは時間の問題だったのかもしれない。

自由民主党

第4章

取り調べ抜き上申書で罰金決着

「先行自白」で状況一変

1992年8月22日の朝日新聞の5億円闇献金報道を受けた金丸信の「先行自白」会見で状況は一変した。

特捜部は、一度はあきらめた金丸の政治資金規正法違反立件に腰を上げる。

東京地検特捜部の捜査記録（注13）によると、特捜部が、金丸側への捜査に着手するのは92年9月5日。特捜部の捜査は、新潟県知事の金子清の知事選をめぐる政治資金規正法違反事件と金丸の5億円闇献金事件を同時並行で行うことになった。

先行したのは金子事件だった。特捜部は8月中から、金子や側近の選対関係者を任意聴取してきたが、9月に入ると、10人を超す検事を投入。精鋭検事を新潟地検に送り込んで本格的な取り調べを始めた。

一方、金丸事件に対する捜査は、9月に入っても、金丸事件班で捜査を取りまとめる「総括」担当検事の大野恒太郎（後に検事総長）は連日、「金丸・政治資金規正法事件の捜査準備」か「問題点整理」「メモ作成」。キーマンの金丸の金庫番秘書、生原正久の取り調べを担当する池上正幸（後に最高裁判事）は、金子事件班に組み込まれ、自民党県連関係者の任意聴取を続けていた。

東京拘置所で勾留中の東京佐川元社長の渡辺広康も実力検事といわれた吉田一彦が連日、取り調べたが、「供述に特段の変化なし」だった。

そうした状況から、当時、事件を追う記者の一部には、政界の意を受けた法務省や検察上層部が、検察現場に介入して事件を矮小化しようとし、それに特捜現場が抵抗し、その綱引きで捜査が進まないのではないか——との臆測も生まれていた。

少し前には、特捜部が東京佐川元社長の渡辺の特別背任の動機立証のため、金丸が渡辺を通じ暴力団稲川会会長に竹下登に対する右翼の攻撃封じを依頼した事実を検察側冒頭陳述で詳述しようとしたのを、検察上層部が「必要ない」として、金丸の実名を削除させ、話も簡略化させる一件があった。それもあって、また同様の「忖度」が働いているのではないか、と見立てたのである。

当時の法相、田原隆は竹下派の重鎮、梶山静六の一の子分であり、梶山自身、自民党国会対策委員長として法案、予算などで法務省のロビイングを受ける立場だった。そして、梶山と法務省事務方トップの法務事務次官、根来泰周は旧知の間柄だった。

その根来が金丸の5億円闇献金について「20万円以下の罰金の事件。あんなもの日比谷公園で立ち小便するようなもの。特捜部がやりっこない」と周辺の記者に話した、という話が流れ、大騒ぎとなった。

「立ち小便」発言を根来は否定しなかった。記者の前でその言葉を発したのは、金丸の寄付の量的制限違反については本気でその程度の事件と思っていたからだろう。

そのこと自体は、罰条に対する評価を下世話に表現しただけ、と弁明できるが、もし「特捜部がやりっこない」と発言していたとしたら、話は違う。

根来は、次期検事総長の有力候補といわれた「法務省の大幹部」。その根来が「やりっこない」

と言えば、検事総長以下の検察首脳や捜査現場の検事たちは「やらない方がいい、とのサイン」と受け取る。それは、捜査への牽制となり、事実上の捜査妨害となる恐れがあったのだ。事実なら、許しがたい発言だった。しかし、実際には、特捜部に法務省から圧力がかかった形跡はなく、話は立ち消えとなった。検察とマスコミの微妙な関係を示すエピソードなので、後日談を記しておく。

筆者は、金丸の闇献金事件処理から1年7カ月後の1994年4月、東京高検検事長になっていた根来に「立ち小便」発言の真意を聞いた。特捜部がゼネコン事件の政界ルートで元建設相の中村喜四郎衆院議員を逮捕、起訴し、捜査が一段落したころのことだ。

根来は、検事長室のソファに深く腰を沈め、以下のように語った。

「金丸5億円の『立ち小便』の話は、雑談に来た司法記者クラブの3社の記者に話した。政治資金規正法違反の説明として分かりやすいように、例えの話をした。それを、微罪だから事件にならん、とワシが言っているように、歪曲し、週刊誌に流された。こちらは親切で話したのに。裏切られた思いだ。犯人はわかっている。退官したら、訴えたろうかと思うとるんや」

半ば涙目。大物検事の激しい感情の発露に驚いた。

根来は和歌山県出身。関西圏を中心に異動する、いわゆる関西検察育ちで、大阪地検特捜部から法務省の人事課付検事に抜擢され、刑事課長、人事課長、大臣官房長、刑事局長などエリートコースを歩んだ。

熱狂的な「阪神タイガース」ファンで、官房長時代、執務室の壁には「狂虎」の文字が躍る大応援旗を飾っていた。半面、シャイな性格で、東京育ちの検事とはウマが合わず、「事務官とばかり付き合っている」と陰口をたたかれた。

毎日新聞時代に先輩記者から紹介され、折に触れて取材をしていた。問えば、法律や政策の背景を丁寧に説明してくれた。筆者にとって、根来は官僚らしからぬ常識人であり、とても、検察幹部らに政界への忖度を促す高度な「裏技」を使うような人物とは思えなかった。

しかし、根来は、検事総長の吉永祐介から嫌われ、東京高検検事長になったころには、ほぼ後継総長になる目はなくなっていた。人事に関しては恬淡としていたが、吉永続投を望むマスコミがことさら自分の足を引っ張ったとの被害感情が膨れ上がっていたとみられる。

「無残」の印象が強く残った。

金丸に対する特捜部の捜査が着手までに時間がかかったのは別の理由だった。

まず、捜査態勢の問題があった。相手は政界の大物。しかも、想定される容疑は、立証が難しいとされてきた政治家本人の寄付の量的制限違反。取調官には、緻密な事実認定と法律判断ができる検事が必要だった。

金丸本人の取り調べは、東京佐川事件担当の副部長の佐渡賢一（71年検事任官）。わきを76年任官の大野。77年任官の池上で固めた。いずれも緻密な捜査力に定評があった。

当時の政治資金規正法には抜け道が沢山あった。金の帰属によって適用する条文が異なり、当然、法定刑に違いが出てくる。場合によっては不可罰ということもあり得る。そこでいろいろなケースを想定しつつ適用条文を検討した。それにも時間を要した。

特に、特捜部が神経を尖らせたのが、東京佐川元社長の渡辺から金丸側に渡った5億円が誰に、あるいは、どこに帰属するのか。金丸個人なのか、金丸の主宰する政治団体なのか、の見極めだった。

特捜部が生原に呼び出しをかけるとすぐ、金丸側の相談に乗ってきた弁護士の安部昌博が特捜部副部長の佐渡に「どうなんだ」と接触してきた。安部は、佐渡が宇都宮地検三席検事時代に仕えた上司の同地検検事正だった。佐渡は「真実はひとつ。秘書に正直にしゃべればいい、と言ってください」といなした。

9月5日、満を持した池上の取り調べを受けた生原は、金丸の了解を得て渡辺から5億円を受領したこと、つまり、5億円は金丸個人のものだった、と受け取れる供述を行った。金丸立件へと検察側の背中を押す重要事実だった。

翌6日、「渡辺が持参したカネをいったん預かり」、「金丸の『受け取れ』との指示を受けてから受け取った」と2段階で帰属認識を強調した生原の調書が作成された。この供述調書が金丸闇献金事件の帰趨を決める決定的証拠となった。

佐渡がいう。（注14）

生原氏が「自分の判断でカネを受け取った」と供述したら、そこで終わりだった。生原氏は、金丸氏の政治団体群の実質的な会計責任者だった。秘書の虚偽記載でしかなくなる。金丸氏に判断を仰ぎ、その上で受け取った、と供述してはじめて政治家本人が受け取ったと認

めることができるのだ。

生原氏は、渡辺氏から5億円献金について、金丸氏の了解を得て渡辺氏から金丸事務所のあるビルの地下駐車場でカネを受け取り、事務所に運んだ、と供述した。

生原氏は、弁護士のアドバイスもあったのか、正直にしゃべった。渡辺氏の供述とも符合していた。しばらくして金丸氏本人が受け取ったとなると、事件になってしまう、ということに気づき、「秘書である自分の判断で受け取った」と供述を変えてきた。

電話で安部弁護士からも金丸氏の立件を見送るよう申し入れてきたが、「渡辺供述もあって容疑は固まっている。もう無理です」と断った。

生原聴取は92年9月25日までの間に十数回に及んだ。検察側が作成した生原の最終的な供述調書の概要は以下のようなものだった。

「90年1月16日ころ、渡辺から現金5億円を預かり、金丸の了解を得てこれを金丸の政治活動に関する寄付として受け入れた。5億円は金丸から更に金丸の指定団体で生原が代表者をしている『新国土開発研究会』に寄付された。

その後、同月末ころまでの間にその5億円を経世会所属の総選挙立候補予定者を中心とする立候補予定者ら約60人にその政治活動の資金として配布し尽くした。その金額は、選挙区の情勢、当選回数、金丸との親しさの程度などに応じて500万円から2000万円位の額とし、生原が金丸の面前などにおいて各立候補予定者本人に手渡した」。

生原は、新国土開発研究会の実際の経理はすべて自分が取り仕切っていたことを認めたが、

5億円を配布した先の約60人の特定については供述を拒んだ。

特捜部は、この生原供述で、金丸が5億円闇献金を受領したのは、3年の公訴時効が完成していない90年総選挙告示直前の同年1月中旬で、しかも、カネは政治団体でなく金丸のものとして受け取り、派閥の議員に配った――と認めた、と判断。

金丸本人の寄付の量的制限違反が成立すると確信した。

生原から「平成2年（90年）1月に受領」との供述を得た特捜部の捜査は、裏金の出元の東京佐川元社長、渡辺に向かう。それまで5億円の授受を「89年6月ごろ」としてきた渡辺は、92年9月6日作成の供述調書で「平成2年（90年）1月中旬ころ、金丸事務所の駐車場で生原秘書に5億円渡した」と供述した。

さらに、5日後の9月11日作成の調書で渡辺は「5億円を金丸に献金した日付が平成元年（89年）6月9日であるというのは私の記憶違いであり、平成2年1月16日が正しい」と述べている。これは、生原供述との整合性をより強固にするため、特捜部が念を押して作成したものだろう。

金丸が92年8月27日に「先行自白」するまで、特捜部は5億円闇献金の原資について、渡辺の供述などから、89年6月ころ、新潟県知事選に出馬する金子への3億円の支援資金を調達する際に、渡辺が東京佐川の資金操作で捻出した3億円と平和堂不動産社長の中野史郎（仮名）から近接した時期に提供された2億円で賄ったと見立てていた。

中野は、渡辺に対する裏金提供は「89年4月4日と6月7日に各1億円、11月21日に2億円、12月21日に1億円、同月27日に2億円」と供述しており、特捜部は当初、この4月と6月の計2億円が5億円闇献金の原資の一部と見ていたのである。

しかし、生原供述でそのストーリーは成り立たなくなった。

捜査記録によると、特捜部は中野からも生原供述に沿う新たな供述を得ている。92年9月21日付の中野の供述調書は「平成元年（89年）11月と12月に合計5億円を渡辺に渡したことは間違いない。渡辺は総選挙で10億円が必要であるという意味のことを言った」となっている。

「89年4、6月の2億円」から、90年1月に近い「89年11、12月の5億円」にシフトすることで生原供述と整合させる特捜部の狙いがうかがえる。

金丸に出頭要請

特捜部側の見方だけでは不公平になる。ここで、生原本人に特捜部の取り調べ状況を語ってもらう。（注15）
特捜部の大野恒太郎検事から電話で「任意で取り調べるので出頭してほしい」と連絡が入った。担当は池上（正幸）検事だった。
いまから考えると、うかつだが、検察から私に呼び出しがかかるまで、金丸事務所では、この5億円事件で弁護士に相談していなかった。友人が心配して弁護士を手配してくれた。その弁護士から「検察の取り調べを受ける際の心得」を教えてもらった。「簡単に調書にサインしないように」とも。

実際に、金丸事務所の代理人になったのは、小沢さんが紹介してきた安部昌博弁護士だった。安部さんと検察の聴取に対し、どう受け答えるか相談し、基本的に、親父が会見で認めたベースで正直に話す方針を確認した。

検察側が取り調べ場所を指定してくれ、というので、銀座のホテル西洋銀座を選んだ。8月25日の小沢さんと赤松幸夫弁護士の会談の際に小針暦二氏がセットしたホテルだ。そのとき、政財官界の知り合いの姿を見なかった。こっそり人と会うのにいい場所だな、と思っていた。

取り調べ担当の池上検事は、法務大臣秘書官を経験しているためか取り調べは概ね、紳士的だった。こちらも、基本的に正直に話すつもりで取り調べに臨んでいたから、最初の取り調べは、検察にとってはスムーズだったと思う。

生原に対する検察側の取り調べは概ね順調だったが、ハプニングもあった。

池上（正幸）検事と一度だけ衝突したことがある。稲川会の右翼封じの話などを雑談で話したら、翌々日の新聞にその内容が出ることが続いた。これは検察から話が漏れていると思い、安部弁護士に相談したら、「任意の取り調べなんだから、応じなくていい」といわれた。それで、検事に断らず、泊まり込んでいたホテルを西洋銀座からニューオータニに替えた。

検察側が意図的に金丸側に不利な情報を流したわけではない。ただ、生原が文句を言いたくなるような客観状況があったのも事実だ。

金丸＝渡辺＝稲川会会長の石井進による竹下ほめ殺しの右翼封じについて特捜部と検察上層部が情報を共有したのは渡辺の特別背任罪（稲川会ルート）を起訴する5月末。検察に食い込んでいたマスコミ各社はその時点でおおよその事実関係を知ったと思われる。

検察上層部の指示で渡辺公判の冒頭陳述から金丸の実名や関わりが削除されたこともあり、マスコミは金丸の関わりを報じるのを見送った。しかし、金丸の闇献金先行自白で報道のハードルは下がり、マスコミ各社は金丸マターを競争で発信するようになっていた。右翼封じ話もそのひとつだったと思われる。

検察が、約束の時間にいつもの部屋に行ったら、もぬけの殻。腹が立っていたから、1日ぐらいはすっぽかそうと思ったが、事務所の面々にも迷惑がかかると考え直して池上検事に電話した。

ニューオータニの部屋に来た池上検事は、えらい勢いで「逃げない、と思っているから任意で調べている。それをなんだ。あなたは被疑者だ。逃げるなら逮捕も辞さない」と。こちらも頭にきて「取り調べで話した内容がそっくり新聞に出ている。リークしているんじゃないか」と喰ってかかった。

「私はそんなことをしない」

「上司に報告しただろう。上司がしゃべってるんじゃないのか」とやりあった。

安部弁護士には「夕方に帰京するから相談しよう」といわれていたのに検察に連絡してしまったので、あとで高飛車に叱られた。

生原と渡辺の供述で、5億円の授受の時期は「90年1月中旬」で確定。3年の時効が完成していないことは固まった。また、「寄付が金丸本人に帰属する」蓋然性も強くなった。金丸を訴追したい検察。事実は正直に語るが、親父（金丸）だけは守ろうと腹をくって取り調べに応じてきた生原。まもなく、双方は激突する。生原はいう。

数日間、授受を含むいろいろな事実関係を聴かれ、調書にサインした。事実関係だから渡辺さんから電話があって親父に耳打ちし「預かっとけ」といわれたこと、事務所に保管して、結果として陣中見舞いに使ったことなどは、ありのまま話した。「帰属」の問題は特に意識していなかった。

4日目か5日目の取り調べのとき、池上検事から「金丸先生の自白という大英断に応えて、生原さんの供述をもとに、5億円の闇献金は、金丸先生個人のものとして政治資金規正法の政治家本人の量的制限違反と認定した。金丸先生を、その最高刑である罰金20万円に処することにする」と告げられた。

えっ、親父を罪人にする、だって。愕然とした。冗談じゃない。5億円は、親父個人のものじゃないですよ、政治団体の代表である私が受け取った。だから政治団体のものですよ、罪があるとしたら、僕であって、親父は関係ない、と強く抗議した。

9月7日作成の担当検事、池上の捜査報告書は「生原秘書が調書に署名・押印を拒否した状況」として、生原が「5億円は金丸個人ではなく政治団体が寄付を受けたものである旨主張」となっていた。これだと、生原は6日に事実関係を認める調書に応じた翌日、すでに、金の帰属認識をめぐり検察側に抵抗していたことになる。

「4日目か5日目の取り調べから検察に抵抗」というのは、生原の記憶違いかもしれない。報告書に添付された署名・押印拒否の調書には「立候補予定者が来た場合には金丸の指示により金丸個人からの軍資金を準備し、派閥からの軍資金と一括して金丸に渡し、金丸が立候補予定者にそれらの軍資金を渡していた」旨の記載があった。

渡辺（広康）さんからカネを持って行く、との電話があって、確かに親父の耳には入れたが、あくまでも、僕が政治団体の責任者として預かったんだ、と。政治団体の顔は金丸だが、僕が団体の代表と事実上の会計責任者をやっている。その僕がそうだ、というんだから間違いない。そう言い張ったものだから、検察も困った。以後、約2週間ずっと抵抗した。池上検事は、渋々、僕の主張を調書に取った。

こちらが抵抗したから、やはり、金丸本人から聴かないといけない、となったのだろう。特捜部は、親父に任意出頭を求めた。

もっとも、安部（昌博）弁護士も、僕も、親父の次男の信吾さんも親父に出頭要請を伝えていないので、親父は、検察の意向を知らない。金丸邸を訪ねた羽田孜先生が記者団に「本人は要請を聞いていない」と語ったこともあった。

結局、金丸は検察の任意出頭要請に応じなかった。それを受けた検察の捜査対応は、法務・検察と政界を巻き込んだ大騒動に発展する。

「過料にならないか」と官房長官に相談した小沢

特捜部が金丸本人の立件に動き出したのを知った小沢一郎は泡を食ったと思われる。焦って宮沢官邸に金丸立件阻止を働きかけた様子を、当時の内閣官房副長官の石原信雄が2019年6月24日の日経新聞「私の履歴書」で、こう語っている。

「政治資金規正法違反容疑で罰金刑が取り沙汰される中、金丸元副総理に近い小沢一郎元幹事長は加藤紘一官房長官に『罰金でも刑事罰なので傷がつく。過料にならないか』と相談。官房長官は『法律問題だから』と私に委ねた。

私は法務省の根来泰周次官を呼んだ。根来次官は『罰金は刑事罰だが、立ち小便のようなものだから気にしなくてよいのでは』とかわした。指揮権発動かと騒がれる中、検察の独立を侵すような口出しはできない。結局、金丸元副総理は罰金20万円の略式命令を受ける」。

過料は行政手続き義務を果たさない場合に科される「行政罰」だ。石原は「小沢が官房長官に相談」と表現しているが、当時の竹下派と官邸の力関係からして、官邸側は、小沢の「相談」を、金丸に対する検察の捜査を止め、行政罰で済ませるよう求める事実上の申し入れと受けとめたのではないか。

検察庁法14条は「法務大臣は、個々の事件の取調又は処分については、検事総長のみを指揮することができる」と定める。

法相は捜査に口は出さないのが原則だが、国政上支障があると判断したり、検察が暴走して国民が被害を受けると判断したときは、検察のトップである検事総長に指揮権を発動して捜査を止めることができる。

実際に、政界捜査で法相が指揮権を発動し、捜査が不調に終わった例がある。第1章で触れた1954年の造船疑獄事件である。

吉田茂内閣の犬養健法相は、収賄容疑で当時の与党・自由党幹事長の佐藤栄作を逮捕の了解を求めて佐藤藤佐検事総長が請訓したのに対し、指揮権を発動し、逮捕にストップをかけた。捜査は勢いを失い、佐藤を収賄容疑で起訴することはできなかった。

世論はこれに猛反発。犬養は指揮権発動直後に辞任した。

首相の吉田は世論の支持を失い、同年末に総辞職。政治の表舞台から退場した。以来、世論を背景に野党やマスコミは政治の側が捜査や公判に介入しないよう厳しく監視し、法務・検察人事についても、政権側が口出ししにくい雰囲気を作ってきた。

とはいえ制度上は、政治家側が世論を無視してなりふり構わず指揮権を発動したら、刑事手続きは止まる。それが危惧されたのが、元首相の田中角栄が受託収賄罪に問われたロッキード事件だった。

田中は公判で無罪を主張。キングメーカーとして大平、鈴木、中曽根政権を擁立し、検察に圧力をかけるため、法相に親田中の国会議員を次々と送り込んだ。特に、一審判決（83年10月）が近づく中、法相に起用された秦野章は公然と「親田中」を表明。記者の間には検察に論告求刑をさせない指揮権を発動するのではないか、との観測まで流れた。

マスコミ各社は、機会あるごとに秦野に「指揮権発動をするのではないか」と質問。それが牽制となって秦野は指揮権発動をできなかった、との見方が今も根強い。

公判段階でさえ、そういう危惧が持たれた。ましてや、大物議員の訴追については、首相や法相が政権運営に重大な支障があると判断して差し止める可能性は常にあるといってよい。

もし、加藤あるいは首相の宮沢喜一がそれに応じ、法相から検事総長に金丸に対する捜査をやめるよう命じさせていたら、造船疑獄以来の指揮権発動になるところだった。

しかし、宮沢、加藤とも、指揮権発動は禁じ手だと考えていたのだろう。それゆえ、霞が関の官僚の元締である石原に「官僚レベル」での善処を委ねた。

石原から話を振られた法務事務次官の根来は検察が立件方針を固めている事件に介入すれば、検察現場やマスコミが「指揮権発動」と受け止めて大混乱になると判断した。そのため、石原と諮って「立ち小便」という軽妙な比喩で適用される罪の軽さを強調。巧みに小沢側の圧力をいなしたとみられる。

小沢の行動は、派閥会長の金丸を、「無理筋」と考える検察捜査から守ろうとの強い思いから出たものだろう。しかし、後の祭りだった。政治家本人の立件に向け動き出した特捜部の捜査は簡単には止まらない。

結果、金丸は刑事被告人になり、議員バッジまでなくした。後ろ盾を失った小沢はこれをきっかけに主流から外れていく。

小沢は金丸闇献金事件の捜査で検察に深い不信の思いを持った。２００６年に出版された

「90年代の証言　小沢一郎　政権奪取論」（朝日新聞社）で、小沢はインタビューに答え、以下のように語っている。

「（金丸の5億円闇献金）事件は会計責任者の処分ですべて終わっていたんです。それを本人の逮捕（ママ、金丸が逮捕されるのは翌93年3月の脱税事件。文脈からすると、略式起訴か）にまで及んだのは、これはもう検察の裁量権の拡大であり、非常によくない。それこそ、司直の裁量権がその時々の雰囲気などでどこまで行使されるかが決まってしまうことになる。検察の考え次第で、逮捕、起訴が自由にできるということになっちゃう。これは法治主義の破壊であり、民主主義の破壊だ。だから、僕は絶対反対だった」

特捜部の金丸立件のキーマンとなった生原は、味方である金丸側近の小沢の側から強いプレッシャーを受けていた。生原が語る。

小沢さんは、検察が、親父を政治資金規正法違反で立件する方針を知って激怒したらしい。「裁判になってもいいから」と徹底抗戦の方針を弁護士の安部さんに指示した。

取り調べ中のある日、投宿しているホテルに、小沢さんと佐藤守良さんが訪ねてきた。佐藤さんは、永野護元運輸相の秘書時代、何かの事件に関係して20日間勾留されたことがある、といい、それでも一切自白しなかったので、事件は20日間で終わった、というような話をしたうえで、「しゃべりすぎないようにしてください」と強い調子で言った。小沢さんは一言もしゃべらず、横で黙って聞いていた。

要は、カネの宛先が政治団体であるよう供述し、秘書の責任として事件処理が終わるようにしろ、ということだった。

そんなこと、いわれるまでもない。実際、池上（正幸）検事から「金丸本人の罰金でどうだ」と打診があったあと、ずっと「カネは政治団体のものだ」と言い張っていたのだから。

ちなみに、佐藤が体を張って守ったとする永野護は、政治目的で暴走する「検察ファッショ」の代名詞となった1934年の帝人事件に連座。東京地検に逮捕、起訴されたが、無罪となった。戦中、戦後に衆議院議員を務め、公職追放後の1956年、広島県選挙区から参議院議員に当選。岸政権の運輸大臣を務めた。「佐藤の勾留」は、この運輸大臣当時の事件でのこととみられる。永野は70年に79歳で死去した。

事実関係については、こっちは、親父が会見してしゃべった線で、（東京佐川元社長の）渡辺（広康）さんから5億円を預かるときの場面について、親父に相談したことなど事実に即してしゃべっている。その部分は変えられない。その事実にもとづいて、検察側は「カネは金丸本人に帰属する」といい、こちらは、同じ事実で「いや、それは、相談はしたが、実際は僕が政治団体の代表として受け取ったんだ」と言い張っている。

僕は、親父が上申書を出す後まで、親父本人宛てのカネであるという「帰属の認識」調書にサインはしていない。

友人からは、知人の大蔵省の法務予算担当主計官が検察側から聞いた話として、「生原供述は二転三転している」「生原は、派手にうたっている、しゃべりすぎている」という話が伝わってきた。検察が、親父を揺さぶるため、外に向けて、私が洗いざらいしゃべった、と

いう虚偽の情報を流していたのではないだろうか。

捜査記録によると、その後も生原は「金丸の政治活動に関する寄付については、原則として新国土開発研究会で受け入れることにしていたが、政治資金規正法などとの関係から他の団体や金丸個人の名前で受け取ったことにする場合もあった」「5億円は、金丸個人ではなく、新国土開発研究会に対する寄付であると考えている」（いずれも9月14日作成調書）などと概ね、その主張を維持。

同月17日、19日作成の調書も、金の宛先は「他の政治団体ではない」とか「経世会ではない」とする内容だった。一方、カネの受け渡しの日時の特定には協力。23日の調書では、金丸や生原自身の身上・経歴を述べていた。

25日作成の最終調書にいたってようやく、「これまで5億円が新国土開発研究会に対する寄付であったと思うと述べてきたが、金丸先生本人が自らに対する献金として受け入れたことを認めた以上、そのように言わざるを得ないと考えるに至った」となっていた。

特捜部は、9月25日に金丸本人から政治資金規正法違反（政治家本人に対する寄付の量的制限違反）の罪を認める上申書の提出を受け、28日、罰金20万円の略式処分を決めた。

これらの事実は、金丸が25日に検察に提出した上申書で「生原秘書を通じて5億円を受領した」と認めたのを受けて、「金丸への帰属」を否定していた生原が検察側の見立てに沿った調書に応じたことを示す。

つまり、検察側は、「金の帰属を意識せずに供述した」と生原が主張する、初期の生原調書でカネは金丸本人に帰属すると判断。生原がその内容を否定する不安定な捜査状況で金丸本人の立件が可能と判断していたことになる。金丸側が最終的に検察と争わず、容疑を認めたため、事件は証拠が法廷に開示されない略式処理で収まった。もし、否認して公判請求となれば、どうなっていたか——。

金丸は法廷で当然、献金の自らへの帰属を否定し、政治団体で受け取ったと主張するだろう。そうなると、秘書である生原も当然、政治団体の代表である自分が受け取ったものだと主張する。検察側の帰属の認識をめぐる訴追の証拠は、「金丸の指示で受け取った」とする生原の初期の供述調書しかない。

生原が「調書は検察のストーリーを無理に押しつけられたもので、真実でない」と法廷でその調書の任意性を否定すると、検察は苦しい立場に追い込まれた可能性は否定できない。捜査の実態は綱渡りだったと言わざるを得ない。

「調書は作り合わせ」と19年後に証言した金庫番秘書

生原は、特捜部の捜査についてさらに驚くべき証言を行った。

特捜部の供述調書には応じたが、調書の内容は作り合わせ、だ。かなり事実と違うところがある。

「作り合わせ」とは、検察側のストーリーに合わせて作文したということだ。

まず、実際の5億円の授受の時期が違う。調書では「90年1月16日ころ」となっているが、

実際の授受は、前年の89年の9月か10月ごろだった。渡辺さんが5億円を持ってきたのは、まだ総選挙の選挙日程が最終決定していないころだった。だから、少なくとも、89年12月以前であることは間違いない。

しかし、親父（金丸信）は、記者会見で、5億円受領の時期を「90年の総選挙の事前」といい、受け取ったカネは、その総選挙の陣中見舞いと認識した、と言った。だから、僕の検察に対する供述も、当然、それがベースになっている。

「授受の日時が違う」というのは供述調書の信用性にかかわる重要証言だ。

正直に89年秋、と言わなかったのは、仮に、89年中にカネが来て年が変わってから配った、ということになると、89年12月30日から90年1月4日までの正月休みで無人となる金丸事務所に、5億円のカネを置きっぱなしにした、ということになる。

それは不自然じゃないか、と検察に疑念を持たれることを危惧した。渡辺さんから来た5億円は、本当は、年末年始には全部なくなっていたか、ほとんどなくなっていた。5億円の入った紙袋はしばらく金庫に入れず、事務所の一角に置いてあった。金庫に入り切らなかったからだ。「事務所が金庫です」と証人喚問で正直に発言して失笑を買ったが、実際、そうだった。

正直に話し始めると、そういうことも言わなくてはならなくなる。金庫に入っているカネはどういう性格のカネか、説明しろ、という話になっても困ると思った。

いろいろつつかれる可能性がある。それなら、いっそ年を越した後に受け取り、すぐ配ったことにした方がいいな、と考えた。その結果、供述では、記者会見で「総選挙の事前」とした受領の時期を「年明けの90年1月」にしたわけだ。

池上検事から、5億円の受領と配布の日にちを特定してくれ、といわれた。90年1月は、総選挙が迫っていたから、親父は地元にいる時間が長かった。夕方から事務所にいる日は限定された。手帳で親父の日程をあれこれ検討し、1月16日ころでしょう、と言った。それで調書は「16日ころ」になった。詳細な事務所の業務日誌は、捜索で持って行かれると大変だと考え、処分するよう部下に指示していた。

ところが、後になって、この年の1月16日は、東京は雪が降っていたことがわかった。

気象庁の気象統計によると、確かにこの日、東京は珍しい大雪だった。午後3時の都心の積雪は4センチ。雪は終日、降り続いた。

永田町の雪の坂道を、普段運転しつけない渡辺さんが1人で車を運転して事務所地下まで来たことになる。渡辺さんがそんな道路事情で運転できるはずがない、と国会の証人喚問でも質問が出た。

実際は、運転手つきの車でやってきた。渡辺さんの関係者に「検察の捜査対象になる人間を増やしたくない。渡辺もそういう供述にしているので」と頼まれ、1対1での受領ということにしたものだ。

特捜部長だった五十嵐紀男に、この生原証言をぶつけた。五十嵐はいう。（注16）

自分らがいい加減なカネの集め方、使い方をしている。その一環の話だね。生原さんは、最終的に金丸さんの上申書提出後の供述調書で真実を語っていると思うが…。今更、そんなこと言われても、裏も取れない話だ。我々は我々の認定事実がその時の証拠関係に基づく真実・真相であると確信して処分に踏み切った。

特捜部が最初から金丸さんを捜査対象にしていたことは生原さんもご存じのはずで、金丸さんを立件するとは思わずに事実関係の調書に応じたという弁解は、理解できない。

5億円闇献金事件関係者の供述の信用性の問題は、生原だけでなく、東京佐川元社長の渡辺についてもあった。渡辺は、生原調書と符合するように従来の供述を変更した。それは信用できるものなのか。筆者の疑問に五十嵐はこう答えた。

渡辺さんは、カネは金丸さんに届けばいい、と考えていた。生原さんにやったわけではない。それを、金丸さんが、金丸さん個人か政治団体かのどちらに入れようが、どう処理しようと、どうでもいい。そのカネを金丸さんがだれに渡そうとかまわない、という立場だ。

現金を渡した時期についてはメモなどがあるわけではなく本人の記憶だけで、当初から必ずしも明確ではなかった。

金丸会見を受けて、再度、取り調べた結果、「金丸さん、生原さんが言うならそのとおりでしょう、その時期であっても不思議はない、あり得ることだ」ということから、渡辺さんの供述が変わったように理解している。もちろん、無理な取り調べをしたわけでなく、渡辺さんも納得しており、信用できるものだ。

もっとも、渡辺は、特捜部が金丸闇献金事件を捜査中の92年9月22日、自らの特別背任罪事件の公判で「20億円ものお金を多数の政治家の方に配ったと、政治家の名前も出して報道されているが、そんな事実はない。私の供述として取り上げられるのは不可解、残念至極であります」と献金の事実を否定した。

報道のもとになったのは、先に紹介した特捜部が作成した渡辺の闇献金リストの一覧表だ。金丸への5億円闇献金もこの「交付金」の中に含まれていた。渡辺が金丸献金自体を否定するのではないか、との観測が流れ、特捜部は、急遽、検事を東京拘置所で勾留中の渡辺のもとに派遣。「弁護士にこれを読めと渡されたメモをその通りに読んだ。事実はこれまで申し上げた通り」との供述調書を取った。

素朴な疑問があった。渡辺は、金丸への5億円提供を5月下旬までには特捜部に供述していた。内容はさておき、供述内容をなぜ、すぐ調書にしなかったのか――。

これについて、五十嵐は「一般論だが」と断って次のように述べた。

「一回調書をとっちゃうと、後で事実が違った場合に「違っていた」という調書をとらないといけない。前の調書をなしにして、新たな形でとっても、前にこんな調書があった、というのが法廷で出ると、説明するのが面倒なことになる。特に、時期、金額などの基本的な事実は、本人の覚書でもあれば別だが、そうでない限り、ほかで裏付けがとれるまで、報告書か供述メモの形で残し、調書にしないのが普通。

金丸さんのケースで渡辺さんが供述調書に応じたのは、金丸さんが授受を認め、側近の生原さんがそれに沿う供述をしたからだ。隠す必要がなくなったのか、それとも、事実と違うから、むしろ安心して調書に応じたのかはわからないが。

ともあれ、特捜部は9月上旬、金丸の5億円闇献金事件について、秘書の生原と渡辺の供述で金丸本人の政治資金規正法違反（政治家本人の寄付の量的制限違反）が成立する、と判断した。

最高刑は罰金20万円だが、刑罰は刑罰。東京簡裁に略式請求する前に本人の弁解を聴かなければならない。

特捜部長の五十嵐は、副部長の佐渡に、金丸の出頭について金丸側弁護士の安部昌博に打診させた。佐渡と安部はフランクに話ができる関係だった。佐渡は、安部に罰金処理の方針を伝え、金丸に取り調べのため出頭するよう伝えるよう求めた。しかし、安部は金丸を出頭させることを拒んだ。

業を煮やした五十嵐は92年9月10日、自ら安部に出頭を打診した。しかし、答えは変わらなかった。五十嵐が「調べさせない、というなら、逮捕状をとることもあり得る」と告げると、安部は「やれるものならやってみろ」と応じた。

安部の強硬姿勢は、検察との全面対決を主張する小沢らの意向を受けたものではあったが、なぜか安部は五十嵐を嫌い、最初からけんか腰だった。

安部は五十嵐に対し、「罰金をとるというなら、公判請求すればいい。非を認めて副総裁を辞めた人を取り調べ、罰金をとって、それで特捜部がよくやっているといえるのか」「金丸氏は『俺は責任をとった。罪を認めている。なぜ、俺だけやるのか、やるなら竹下ら他の者もやるべきだ。それなら出て行く』と言っている。特捜部が金丸氏を起訴猶予処分にするなら取り調べに応じる」と挑発した。
それは、罰金処分方針を決めている特捜部にはできない相談だった。

検察首脳会議で決まった上申書決着

朝日新聞9月9日朝刊が「金丸前副総裁を立件へ」と報じて以来、東京・南麻布の金丸私邸は報道陣に取り囲まれた。「それで外に出られない」というのが金丸側の取り調べ拒否の理由だった。

しかし、金丸周辺では、記者会見で闇献金の授受の事実を認め、自民党副総裁という「公職」を辞めたのだから、それで許される、と考えていた金丸が、「立件」と知ってつむじを曲げた、と指摘する向きもあった。

検察はごね得を許さない。許したら、「厳正・公平・不偏・不党」の原則が崩れる。捜査手続きについては、禁錮以上の罰則のある犯罪の容疑者が取り調べに応じない場合、検察は強制力を行使して逮捕し、取り調べるのが普通だったが、政治資金規正法の政治家の寄付の量的制限違反の最高刑は罰金20万円。そういう軽い罪の立証で、被疑者には重い負担となる逮捕で臨むのは果たして適当か、という問題があったことは前にも触れた。

朝日新聞1992年9月12日朝刊が「東京地検、金丸氏に出頭要請　本人は応じぬ意向　佐川献金」と報じると、翌13日の毎日新聞朝刊は「金丸氏側、上申書提出の意向　本人事情聴取の打診受け」と伝えた。竹下派内では、小沢一郎らのグループが検察との全面対決辞さず、の姿勢だったのに対し、軟着陸路線を探る梶山静六らからは、「取り調べの代わりに容疑を認める上申書を提出し罰金で事件を終わらせては」との意見が出始めていた。

上申書は、犯罪の嫌疑を受けた被疑者らが意見や事実関係などを記して提出する書面。自ら不利益な事実を認めた場合、上申書は自白調書と同じ証拠能力を持つ。

同日付の日経新聞朝刊も「(自民党竹下派は)金丸氏はすでに献金を認めており、派内では本人への事情聴取は不必要で、上申書でいいのではないか、と検察当局への反発が強い」と伝えた。

「取り調べに代えて上申書で済ませる」捜査手法の話は、検察側からではなく、政界側から出てきたことがわかる。

そういう政界の思惑は別にして、特捜部は、あくまで金丸の取り調べにこだわっていた。副部長の佐渡はさらに、弁護士の安部と金丸の出頭交渉を重ねたが、らちがあかなかった。

特捜現場は、金丸が度重なる取り調べの要請を無視した以上、容疑固めのため金丸の自宅や事務所を捜索すべき、との方針で一致していた。それが捜査の常道でもあった。特捜部を指揮する東京地検検事正の増井清彦も反対しなかった。

特捜部長の五十嵐は、出頭を拒む金丸に対し、検察としての処分や捜査の方針を決めるべく検事総長に検察首脳会議を開いてもらった。

当時の最高検幹部が残したメモによると、首脳会議は、目立たないように庁舎内を避け9

月17日に法務省の厚生施設「桂」（港区）で開く予定だった。しかし、その情報を察知した記者が張り込んでいたため一旦見送り、翌18日夜、改めて同じ、「桂」で開かれた。

出席したのは、検事総長の岡村泰孝、次長検事の土肥孝治、東京高検次席検事の北島敬介、東京地検検事正の増井清彦、それに特捜部長の五十嵐の5人。この場で、金丸を罰金処理する方針を決め、さらに、金丸が罪を認める上申書を提出すればあえて取り調べにこだわらない、とする方針が決まった。

五十嵐によると、首脳会議では、まず、捜査現場を代表して五十嵐が、闇献金事件の捜査状況を報告。生原供述などをもとに金丸本人の寄付の量的制限違反が成立するとの判断に達したこと、その判断を金丸の弁護人の安部に伝え、取り調べに応じるよう求めたが、安部は「金丸は罰金には服さない」と主張し取り調べも拒否していることを首脳らに伝えた。

その上で、五十嵐は、地検の意見として「金丸さんが出頭に応じそうもないので、容疑固めのため、自宅の捜索令状をとりたい」と発議した。金丸宅を強制捜査し、金丸の出頭を促そうという戦術である。

すると、最高検次長検事の土肥が「そんな、いきなり令状なんていかがなものか、罪を認めるなら上申書とって決着したらどうですか」と言い出した。そこで、あれこれ議論し、結局、金丸が罪を認める上申書を出すなら取り調べなしで罰金処理する方針が決まった、という。

土肥のニュアンスは違う。後日、土肥に「上申書決着」の方針決定の経緯を尋ねると、以下のように答えた（注17）。

地検は、金丸氏の違反そのものについては、状況からして略式請求して罰金処理するのが望ましい、との意見だった。首脳らも異論はなかった。そこで、罰金処理の場合、金丸さんが出頭することが絶対的な条件なのか、という話になり、上申書で罰金をとる方法もある、という話になった。

地検はそれでいいのか、と僕が念押しで聞いた。地検側は、それで結構である、といった。ただ、事態は流動的で、その場で、取り調べをしないという方針が決まったわけではない。次の週に地検が安部（昌博）弁護士を正式に呼び、期限を切って金丸さんの意向を打診することになった。上申書で取り調べに代えるよう、政界や法務省から要請があったことはない。

要は、「上申書で罰金をとる」方法について、誰が言い出したのかは不明であり、自分が言い出したわけではない、というわけだ。とはいえ、首脳会議で上申書決着という大筋の方針は決まった。

検察側の方針は、金丸が罪を認める上申書を提出すれば取り調べなしで罰金20万円に処すことで固まった。それを受けて1992年9月21日、特捜部長の五十嵐は金丸側弁護士の安部を呼び、容疑を認める上申書を出せば、取り調べにこだわらないことを伝えた。

ボールは金丸側に投げられた。しかし、この後も一筋縄ではなかった。

「全面対決辞さず」の金丸、小沢

政治資金規正法違反で罪に問われること自体を拒絶していた金丸は安部から、容疑を認める上申書を検察に提出し、罰金で事件を収束させるとの検察の方針を伝えられると、それを検察による「最後通告」と受け取った。

実際、金丸周辺には「それに応じなければ、検察が強制捜査に踏み切る」との情報も流れていたようだ。

元検事の安部は、当初こそ検察に対し「やれるものならやってみろ」と啖呵を切ったものの、そのころには闇献金の事実関係や金丸が置かれた状況から、上申書で容疑を認め罰金で決着させるしかないと考えるようになっていたとみられる。地検が9月21日に最高検に上げた報告によると、特捜部長の五十嵐から上申書提出で罰金処理の方針を聞いた安部は「ほっとした」様子だった

「上申書を出せば、取り調べは勘弁してくれるのですな」と念を押し、それに対し、五十嵐は「それは上申書の内容を見ないと何ともいえません」と回答したことになっている。

ところが、翌22日、安部の態度は急変する。特捜部に「上申書は出すが、起訴猶予（を理由にした不起訴処分）にしろ」と要求したのである。特捜部がのめるはずがない。地検側は「こういうことなのでやはり捜索を」と最高検に求めた。安部の豹変は、竹下派会長代行の小沢らの意向を受けたものだった。罰金20万円とはいえ、刑罰は刑罰。「上申書決着」を受け入れれば、金丸は前科者になる。小沢らにはやはりそれは許せなかった。

金丸秘書の生原によると、小沢側近の竹下派事務総長、佐藤守良は安部に「金丸さんを前科者にすることはあり得ない」と強く迫っていたという。

捜査介入を記録した法務事務次官

法務・検察では、竹下派の中で小沢らのグループが検察の捜査方針に強く抵抗している、との認識で一致していた。検察庁を特別の機関として抱える法務省の事務方トップの法務事務次官の根来に、小沢側の意を受けた官房副長官の石原信雄から「捜査介入」を疑わせる働きかけがあったことは先に触れたが、同様の動きはほかにもあった。それを具体的に示す記録が手元にある。

2013年11月に亡くなった根来が、特捜事件や検察首脳人事をめぐる舞台裏の話を生々しくつづった覚書（注18）である。それによると、金丸の5億円闇献金捜査で政界から法務・検察側に干渉があったのは、検察が「容疑を認める上申書による罰金処理」の処分方針を決めた直後のことだった。（）は筆者注。

いよいよ金丸氏を罰金にすると決まった段階で、石原（信雄・官房）副長官から「いま金丸氏の腹心の佐藤守良議員が来て、金丸を罰金にすることについて検察内部でも迷いがあって岡村（泰孝）検事総長も内心消極らしい。検事総長に一声かければ、起訴猶予になる可能性があるという情報もある。官邸から法務検察側に起訴猶予の線で押してもらえぬか」と言ってきたが、どうだろうか、という電話があった。

私は、そういう（「検事総長が消極」という）ことは絶対ない。罰金は、決まったことだ、と回答した。なお、佐藤議員については、恩赦の陳情に来たことにするという話だった。

金丸は、捜査を含む闇献金問題への対応を小沢に任せていた。佐藤はその小沢の側近だった。

佐藤が小沢に黙って官邸などに働きかけることはまずなかったとみてよかろう。佐藤が求めた「起訴猶予」は、犯罪は成立するが、その悪性や社会的影響などを考慮してあえて起訴しない処分だ。前科はつかない。

検察が略式請求、つまり罰金処理する方針をすでに組織決定した時点で、官房副長官の石原が、伝言の形とは言え「起訴猶予の線で押して」との金丸側の申し出を、法務省事務方トップの根来に伝えれば、検察側が「内閣による捜査介入」と受け取る恐れは十分にあった。マスコミが知れば大きく報道していただろう。

2018年3月、筆者は一般財団法人地方自治研究機構の会長を務めていた石原を銀座の事務所で取材した。小沢の官邸への刑罰適用阻止の申し入れを石原が証言した日経「私の履歴書」が世に出る1年3カ月前のことである。

当時92歳の石原の記憶は明晰だった。（注19）

佐藤守良議員が来たのはよく覚えている。「親父（金丸）が罰金刑になったら困る」と。佐藤さんが言ったのは、確かにこういう（覚書のような）趣旨だった。要するに、何とかなるんじゃねえか、と。そこで「まあ状況は聞いてみましょう」ということで、私が根来さんに連絡した。

根来さんは、検察の人としては珍しく、親しみやすくて話しやすい人だった。根来さんには「佐藤さんがこういう話を持ってきた」と話した。根来さんは、その後、官邸にきて捜査状況を説明してくれた。佐藤議員は、その場には同席していない。

「どうだろうか」という言葉の取り方が微妙なんだが、「どうにかしてくれ」という意味ではなく、「どういう状況なんですか」という意味で使った。内閣が検察に働きかけたとなってはいけないので、そこは用心しなきゃいかんと思っていた。宮沢（喜一、当時総理）さんは絶対にそんなことは嫌う人だったから、報告もしていない。

石原は、法務事務次官の根来に佐藤の要請を伝えたことは認め、「どうにかしてくれ、ではなく、どういう状況かと聞いただけ」と弁解したが、一つ間違えば、大騒ぎになる恐れのある危ない話だった。

根来覚書には、見逃せない続きがある。

私は、岡村検事総長、土肥（孝治）次長検事に会って、このいきさつを報告し、「このような馬鹿なこと（総長も内心消極、など）を言いふらすのは誰だろうか」と詮索した結果、金丸の弁護人の安部昌博弁護士と藤永（幸治・東京高検）検事長は同期（司法修習8期）で、情報を交換しているというマスコミの噂があるから、検事長がネタ元ではないか、ということになり、岡村検事総長から、既に帰宅していた藤永氏に電話をして確かめたところ、「そういうことは絶対にない」ということだったので、石原副長官に念のためそういうことは、まったくないと電話をし、石原氏もそれ以上のことはいわれなかった。

検察トップの検事総長がナンバー2の高検検事長に、被疑者側への捜査情報漏洩の有無、しかも、偽情報を流したのではないかと問いただすのは、極めて異例のことだ。

18年の石原取材当時、岡村、藤永とも既に鬼籍に入り、事実の確認はできなかった。闇献金捜査を次長検事として指揮した土肥は「当時のことは全く記憶にない」と語った。

根来らが、佐藤らの「ネタ元」と疑った東京高検検事長の藤永は、特捜部を指揮する東京地検検事正から捜査や公判について報告を受け、指揮する立場だ。

そのころ、特捜部が捜査内容を東京高検に報告すると、事務的ミスを含めそっくり報道されることがあった。特捜部はマスコミ各社の取材に積極的に応じる藤永を漏洩元と疑っていた。

石原は竹下登から村山富市まで7内閣で事務方トップの内閣官房副長官を務め、昭和天皇逝去と元号「平成」の制定、阪神大震災の復旧・復興などに尽力。「影の総理」ともいわれた大物官僚だった。2023年1月29日に死去。96歳だった。

小沢に対し、根来覚書の記述を含め事実確認を求めたが、応じなかった。

金丸の5億円闇献金捜査当時、マスコミが根来と自民党国対委員長の梶山との関係に注目していたことは先に触れた。

根来と梶山が懇意だったことは間違いない。根来自身、東京高検検事長で退官後、1996年に公正取引委員会の委員長に就任したのは、時の官房長官だった梶山からの「懇請によるものだった」と覚書で認めている。

金丸闇献金事件の捜査対応方針をめぐり、根来は梶山とどういう話をしたのか。覚書は以下のように記す。

当時、私と梶山元法務大臣との関係についてNKライン（根来・梶山ライン）というマスコミがおり、ツーカーの関係で情報も流れていたのではないか、と揣摩臆測する向きもあっ

た。梶山氏から電話があって「ロンドンにいたら、東京から電話があって記者会見をするから、と言ってきたので帰国するまで待て、と言ったが、小沢が勝手なことをしてしまった。迷惑をかけたのなら申し訳ない」と言って来ただけでそれ以外に何も言って来なかった。

92年8月27日の金丸の「先行自白」記者会見は、梶山らの外遊中に行われたことは先に述べた。梶山は帰国後、小沢の「検察との全面対決」路線とは一線を画し、罰金で済むなら容疑を認めて早期決着を図るべきとの立場をとった。それは、検察の捜査方針にも沿うものだったため、政界やマスコミの一部は一層、「NKライン」に対する疑惑を深めることにもなった。

検察首脳は最終的に、金丸側から容疑を認める上申書と略式請書をとって処理することを決めた。その問題では根来も相当、心を痛めたようだ。

麻布の金丸氏宅の周りには、昼夜を問わずマスコミが張り込み、金丸氏の出頭を待ち受けており、その際見苦しい写真などを撮られては沽券にかかわると思い、出頭を拒否し、検察は検察で、事実関係について曖昧なところがあり、取り調べると、あるいは（会見で認めた「90年2月の総選挙の事前」ではなく）、4年前（参院選直前の89年6月）ということになっては元も子もない（＝時効となって起訴できない）ということで上申書を容認したのではないか、ということである。

伝聞の形をとってはいるが、根来が上申書決着について、闇献金事件に対する検察の事実認定が「曖昧」で、改めて金丸を取り調べると、検察の見立てた金の授受の時期を否定されて立件自体危うくなる恐れがあると受け止めた検察が、異例の捜査手法を容認した面もあったのではないか、との認識を持っていたことを示す。

そのあとは、国会対策も大変で、（略）私も大変迷惑した。大臣は、田原隆氏で逃げ回るばかりで当てにならず、検察庁側は、特捜部を含めて黙して語らず、台風の過ぎ去るのを待つという具合だった。仮に法務省側が政界の意を受けて特捜部などを抑え込んでこのような結果になったとしたら、検察庁は反乱を起こしただろう。

竹下の「決断」で事件終結

金丸の5億円闇献金事件を罰金で処理する検察方針をめぐり対立する竹下派内――小沢一郎グループと梶山静六、竹下登ら反小沢グループの暗闘の話に戻る。

混乱する竹下派内で、検察が金丸の取り調べを見送る代わりに金丸が容疑を認める上申書を検察に提出し罰金で捜査を決着する決断を下したのは、金丸の盟友の元首相、竹下登だった。これで、「絶対に、金丸を罪人にしない」と主張してきた小沢のグループと梶山・竹下グループの対立は決定的になった。金丸の秘書だった生原はこう述懐する。（注20）

（金丸弁護人の）安部（昌博）さんは、小沢さん、（竹下派事務総長の）佐藤（守良）さんから「裁判になっていいからやってくれ」と強く要請を受けていた。一方、梶山さんや竹下さんの意向は、親父が上申書で罪を認め、取り調べなしで罰金で事件を終わらせる方向で固まっていった。安部さんは板挟みになって苦労したのではないか。

検察に対する最終回答期限の前日の9月23日は秋分の日だった。竹下さんが、前年の暮れに亡くなった悦子夫人（金丸の妻）のお参りのため金丸邸にやって来ることになった。そこに安部さんを呼び、親父も同席のうえ、竹下さんが意見を言うことになった。

ところが、そこでハプニングが起きる。

安部さんからその話を聞いた佐藤事務総長は、安部さんに「そんな場に行くのは絶対だめだ、行けなくしてやる」と脅した。

元検事の安部さんは、我々や後輩検事らに対しては少々尊大な物言いをするが、なぜか政治家には弱い。安部さんから僕に「金丸邸にうかがうのをやめました」と連絡が入った。さらに、しゅんとして、弁護人を辞めたい、とまでいう。「何を言っているんですか。佐藤さんの言うことなんか無視したらいいですよ」と励ました。

事情を知った竹下さんは「金丸邸がだめなら、こっそりうちにきてもらおう」と提案した。弁護士事務所からハイヤーで移動すると目立つので、安部さんには奥さんの車で、多摩川の丸子橋か二子橋まで行ってもらい、そこに待たせておいたハイヤーで代沢の竹下邸まで送った。そのハイヤーの手配は僕がした。

竹下さんは、安部さんに対し、「どうせ無罪になるわけじゃない、上申書でまとめてください。徹底抗戦にこだわる小沢さんや佐藤さんは無視していい」と告げた。安部さんは、ほっとした。後に「総理経験者は違う」と竹下さんをほめていた。

親父（金丸）は、自らの経歴に前科がつくのを気にして上申書提出を逡巡していた。ある代議士が「交通違反だって前科になるんですよ。私も2回ある」と言ったら、親父は「へえ、

そうか、君も前科者なのか」と。それで、気が楽になって吹っ切れた面もあったように思う。いずれにしろ、竹下さんの指示が事態を動かした。

法務省から最高検に「小沢も折れたらしい。金丸も罪を認める上申書で略式・罰金に応じるらしい」との情報が寄せられたのは9月23日。

最高検幹部が作成したとされるメモには「安部弁護士が金丸氏に会おうとしたが、小沢氏と佐藤氏が会わせなかった。午後になって、竹下氏が金丸氏に会って、金丸氏は上申書で納得した。竹下氏が安部氏に『小沢、佐藤両氏の動きは無視してもらってよい』と伝え、また金丸氏本人も安部氏にその旨を電話。安部氏は上申書の案文もあるのでそのまま作成作業を続ける」とあり、生原証言を裏付けた。

安部は9月25日、金丸の「上申書提出で罰金刑を受ける」との意向を特捜部に伝え、同日、正式に上申書を提出した。それをもとに特捜部副部長の佐渡が金丸に電話で内容を確認。安部を経由して略式請求の請け書にサインを得て、28日、略式起訴。同日、東京簡裁は罰金20万円の略式命令を出した。金丸側は同額を納付。事件は終結した。

当時の政治部などの報道を追うと、金丸は、罰金を払えば一件落着で、世論の批判も収まり、遠からず政治の舞台に復帰できると考えていた節があったようだ。しかし、事件終結後も、金丸に対する批判は一向に収まらず、ついに金丸は10月14日、衆院議長に議員辞職願を提出。21日に許可され、ドン、金丸の政治人生は終わった。

「親父」の議員辞職で金庫番秘書だった生原の人生も大きく狂った。

朝日新聞の報道で闇献金事件発覚して以来、「秘書のせいではない」と生原をかばい続けた金丸は、「89年の参院選前だったと思ったが、生原が90年2月の総選挙前と言ったからそうした」などと生原に責任があるかのような発言をするようになる。

生原が語る。

事件後、副総裁担当の党副幹事長の伊吹文明議員から「朝日新聞が89年6月の受領と書いている。その通りに供述していれば、時効なのに、どうして、時効になっていない90年の総選挙前と言ったのか。なんで時効にこだわらなかったんだ」といわれた。

そういわれても、事実ベースで会見して、それにそって供述したのだから仕方がない。それと前後して永田町では、「生原と小沢（一郎）は、検察が食いつきやすいように、わざと受領の時期を後ろにずらした」などの噂が流れた。悔しかった。小沢さんだって、親父を裏切る気持ちなどまったくなかったと思う。

これはその通りだろう。しかし、派閥の中では、金丸を守れなかった小沢の立場が悪くなった。「危機管理の失敗」の責任を問われ、窮地に立つ。

当初、小沢さんと相談していた僕が悪者にされた。小沢側近の佐藤守良さんは、あからさまに、僕を裏切り者扱いし、あることないことといいふらした。

生原がしゃべりすぎた、という話が回り回って親父の耳に入る。「生原も逃れようと思って、俺のせいにしたんだな」と親父は受け取る。

親父は「秘書は悪くない」と言い続けていたのに、「おれに秘書を見る目がなかったということだ」と来る人来る人に愚痴をこぼす。「生原が、あとの始末は任せてくれ、といったのに、こんなでかい騒ぎにしちゃって、おれのバッジまでとっちゃった」とも。

金丸に忠誠を尽くしてきた生原には堪えた。そもそもは、金丸が東京佐川元社長の渡辺からの巨額闇献金を断らず、自らの判断で受け取ったことが事件の発端。責任は金丸にある。義理と人情が売りの大物政治家とはいえ、しょせんは人の子。環境が激変すれば、心も弱くなるということか。

悔しかったのは、渡辺元社長が10億円献金すると親父に約束して実際に持ってきたのは5億円だったのをとらえて、僕が5億円取った、とか、小沢さんと相談して派閥のカネにした、とか、自分たちの私的なカネにしているとかいう話が流れたこと。

実家で3階建てのマンションを建てた建設資金がそれじゃないか、とか、ね。佐藤守良さんが聞こえよがしに言い回っていた。

生原は金丸事務所を去ることを決意する。

（金丸の弁護人だった）安部昌博弁護士にも迷惑した。こちらは雑誌などの取材を断っているのに、事件が終わったあと、週刊文春のインタビューに応じて、あれこれしゃべった。その中で、僕が「5億円は金丸本人宛て」とする供述調書を作成した日付が、金丸が上申書を提出する前と受け取れるような表現があった。

親父が判断する前に、僕が「政治家個人でいい」と検察に供述したと受け取られるような言い方をしていた。違うよ、安部先生、と思った。それが、僕が「ユダ」（裏切り者）にされる一因となる。

法務省幹部が、親父の周辺に「どうして金丸先生は、もらったと言ったんですか」と尋ねたことがあった。法律のプロであるその幹部の感覚でいえば、その程度の話だったのだろう。

この「法務省幹部」の言葉には、朝日新聞の報道を無視して沈黙していれば、金丸は刑事責任を問われることなく東京佐川事件は終結したというニュアンスが入っている。これは、金丸会見前に小沢との秘密会談で渡辺広康の弁護人の赤松幸夫が小沢経由で金丸に伝えようとしたことでもあった。

権力に執着する政治家がなぜ、失権につながるような行動をしたのか。どこまでいっても、腑に落ちる答えはない。生原はいう。

検察の僕に対する取り調べは、当初4、5日で終わるという話だった。ところが、5億円は政治団体の代表として受け取った、と言い張ったものだから、延々と続いた。検察としては、本当は、簡単に終わると思っていたのではないか。

検察も当初は、親父が先行自白したから捜査せざるを得ないが、適当なところで収めればいいよ、ということではなかったのか。田原（隆）法相、梶山（静六）さんはそういう考えだった。「先行自白」がある以上何らかのけりをつけないといけないが、簡単に済ませろよ、ということだったのではないか。

ところが、法律に無知で、罪の認識のないやつ（生原）が、えらく言い張ったため、政治家個人への帰属の証拠がとれなくて、てこずったということじゃないのかな。

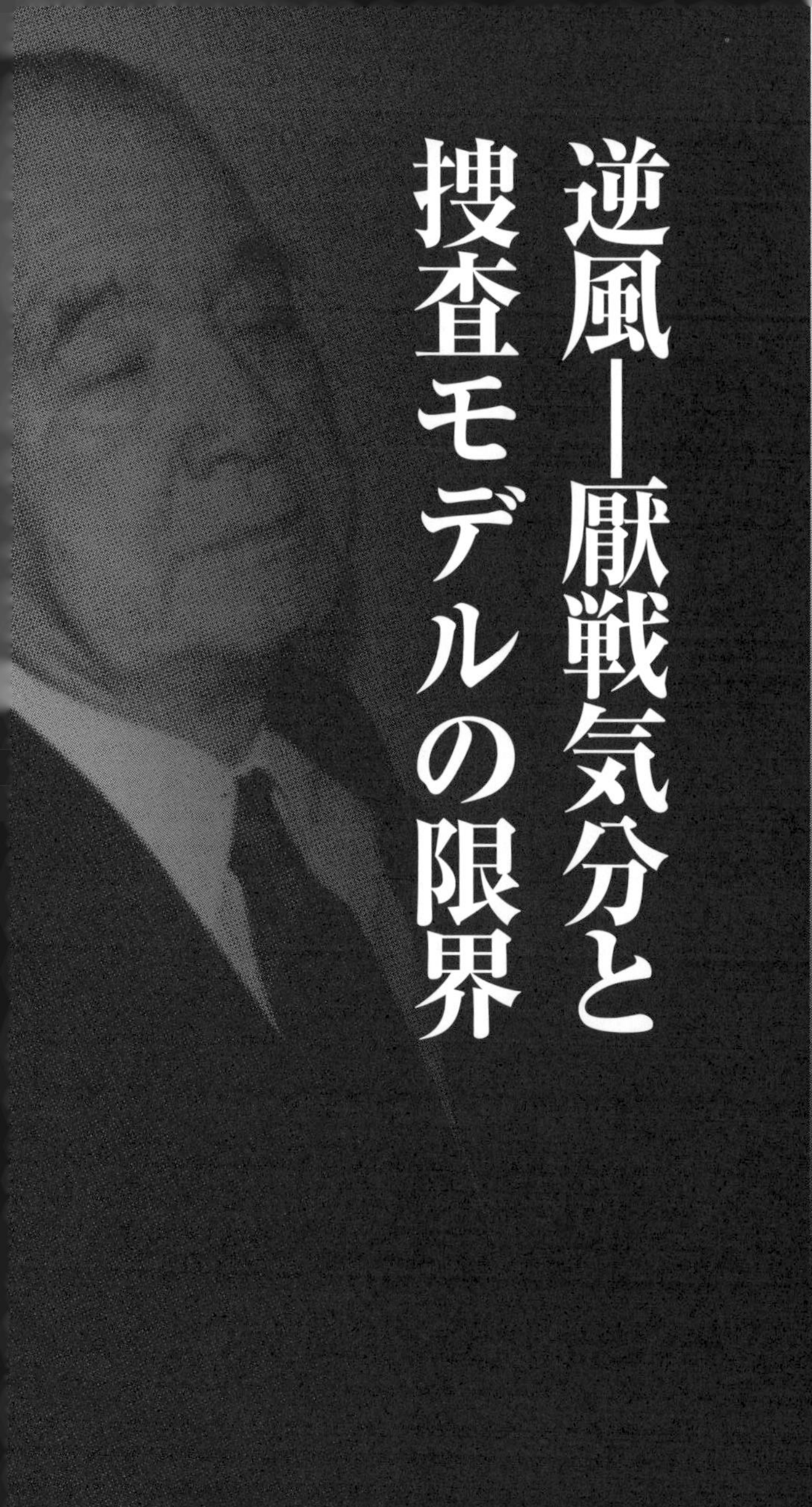

第5章

逆風――厭戦気分と捜査モデルの限界

身内からの検察批判

金丸信に対する取り調べ抜き上申書決着での罰金処理に世論の批判が沸騰した。それは、92年9月28日に、特捜部が金丸闇献金事件と元新潟県知事の金子清の同法違反（政治資金収支報告書の虚偽記入）を同時に処分したことも一因だった。

東京佐川側から5億円の闇献金をもらった金丸は略式起訴で罰金20万円。一方、1億円もらった金子は被告人として公開の法廷に立たされる公判請求となった。この処分の「落差」を、世論は「不公平」「大物政治家に対する忖度」と受け止めた。

処分の前打ち報道でその内容が伝わっていたこともあり、正式に処分を決める前から検察批判が噴き上がった。それは「逆風」というより「暴風」の表現がふさわしいものだった。「強い者に弱く、弱い者に強い検察」などの批判の電話や投書が検察に殺到した。序章でも触れたが、処分当日の28日朝には、自称会社役員の男が庁舎玄関前の「検察庁」の銘板をペンキで汚す事件も起きた。

特捜部の捜査に批判が起きること自体は珍しくない。というより、特捜部が政治家のカネにまつわる事件や大企業の犯罪を摘発するたびに、捜査を受けた側から捜査批判を受けることは当たり前のようになっていた。１９７６年のロッキード事件や89年のリクルート事件では、取り調べ方法への批判はもちろん、マスコミへのリークによる情報操作疑惑なども国会で取り上げられた。

それでも、国民は概ね、検察側に好意的で、政治家側の批判を「ためにするもの」と受け止め、検察が事件を摘発すると変わらず拍手を送ってきた。その風景が一変した。

特捜部は金丸闇献金事件の処理で初めて世論の怖さ―袋叩きによる「水に落ちた犬」的悲哀を味わったといってよかった。80年代半ばから東京で検察をウォッチしてきた筆者にとっても、世論の反応は異常に見えた。

身内の検察幹部からも批判が起きた。

金丸の20万円の罰金処分を発表した翌日の1992年9月29日、札幌高検検事長の佐藤道夫が「検察官の役割とは何か」と題する検察批判の小論を朝日新聞の「論壇」に投稿したのである。

金丸を取り調べず、容疑を認める上申書の提出を受けて処分したことを批判するものだった。「検察官が被疑者を取り調べるのは（略）国民に代わって、国民が知りたい、聞きたいと思っていることを尋ねる、そういう仕事をしているのである。したがって、検察官が格別の理由なしに、国民が知りたい、聞きたいと思っていることについて尋問をしないのは、重大な任務背反になる」。主張自体はまさに、「厳正・公平・不偏・不当」の検察の原則論を語ったものであり、多くの読者が正論と受け止めた。

検事の任務や捜査のあり方について一般論の形をとりつつ金丸事件処理を意識した批判であることは明らかだった。「『上申書が提出されたから』とか『マスコミが大騒ぎしているから』とかで、『検察官の生命』ともいうべき被疑者に対する取り調べ権を放棄するようなことはあり得ない」と論難した。

現職の検察幹部が外部メディアで正面切って特捜部の捜査批判をしたインパクトは強かった。

特捜部副部長だった佐渡賢一はのちに次のように振り返った。（注21）

検察幹部が、捜査の中身も知らないで、その手続きを批判するのか、と驚いたが、世間では、組織の内部でさえ批判があるのか、やはり、検察のやっていることは、おかしいんだ、ということになった。

投稿は、国民の批判に油を注ぎ、メディアの論調も、概ね検察批判一色になった。現場検事たちは消沈した。特捜部長だった五十嵐紀男が語る。（注22）

金丸さんの取り調べにこだわらなかったのは、罰金しかない軽い罰則にダメージの大きい強制捜査という捜査手段は使うべきではないと考えたためだ。いろいろ言われたが、検察には、金丸さん側を押す（取り調べに応じさせる）材料が何もなかった。

寄付の量的制限違反は法定刑が最高20万円。捜索しても儀式としては意味があるかもしれないが、それすら、材料がない中では厳しかった。取り調べなしで上申書で決着するというのは、ベストではないが、あの時点では、仕方がない、と今でも思っている。要は、国民向けに、検察は金丸さんを取り調べたぞ、という儀式をするかしないか、の問題。僕らは、儀式でなく実質をとった。

佐藤は東京地検特捜部時代の1972年に起きた外務省機密漏洩事件で、毎日新聞記者の西山太吉について「(女性事務官と）ひそかに情を通じ、これを利用して」との起訴状を書いたことで知られる。

検事としては個性派でマスコミにも人脈があった。最高検刑事部長時代から週刊朝日で検察捜査をめぐるエピソードなどのエッセーを90編連載。「検事調書の余白」（朝日新聞）と題して出版するなど、検事らしからぬパフォーマンスも目立った。そういうこともあってか、発信力のある佐藤の「告発」について、当時の法務・検察首脳の中には、検察人事への不満が背景にあるのでは、と勘繰る声もあった。

当時の法務・検察は、検事総長の岡村泰孝、次長検事の土肥孝治、法務事務次官の根来泰周ら京大出身検事が枢要ポストを占め、東大など他大学出身の幹部がそれをやっかむ構図があった。

佐藤は東北大出身だった。根来より1年早い1957年に検事任官。東京地検刑事部長、盛岡、横浜両地検検事正、最高検刑事部長を経て91年12月、札幌高検検事長。法務・検察のエリートコースである法務省刑事局長、法務事務次官などいわゆる「本省（赤煉瓦派）」の中枢ポストとは縁がなかった。

佐藤は、金丸の最終処分（9月28日）の2日前の26日、最高検に「こういう異例なこと（上申書で取り調べに代えること）をするなら、全国の検事長に断ってからにしろ。こういう手続きでいい、ということになると、若い検事がみな書面で同意を求めて処分するようになり、大変なことになる」とクレームをつける電話をかけていた。

検事総長の岡村は10月30日、臨時検事長会議を開き、佐藤に対し「組織の一員として相当でない」と口頭で注意。次長検事の土肥は記者会見で「この注意は、総長の指揮監督の範囲内で行ったもので、（行政）処分ではない」と説明した。

佐藤は札幌高検検事長で退官後、95年6月の参院選に二院クラブから出馬して当選。参院議員を2期12年務めた。２００９年7月死去。76歳だった。

世論の批判を浴びた法務・検察は、特捜検察を再構築するため大阪高検検事長で退官するとみられた吉永祐介を検事総長含みで93年7月、東京高検検事長に起用した。検事総長になった吉永は根来を嫌って後継指名せず、根来は総長にはなれずに終わったことは先に述べた。

吉永に近い元検察幹部は、吉永の異例の復活人事について次のように振り返った。

「佐藤さんが吉永さん担ぎ出しの音頭を取っていたと聞いていた。２人は仲良くないが、佐藤さんは根来さんに敵愾心を持っていた。敵の敵は味方という構図だった」

権力は魔物。ただ、仮に、佐藤の「告発」の背景に人事の不満があったとしても、国民から常に政治腐敗監視を期待される検察に対する佐藤の「原則論」は、検察にとっても必要だったと筆者は思う。

金丸を取り調べず、容疑を認める上申書提出で20万円の罰金とした検察に対する庶民の怒りは大きかった。

処分発表2日後の92年9月30日の朝日新聞「声欄」に掲載された長野市の会社員の投稿「検察これでは巨悪はびこる　金丸氏略式起訴」にそれがよく表れている。（太字は記事を引用）

今まで、疑惑に包まれた政治家がなかなか捕まらないのは、政治家が法の網の目をうまくくぐり抜けているからだと思っていた。いまいましいが日本は法治国家である以上しようがない。そのかわり、ひとたび法に触れた時には、かつての田中角栄首相がそうだったように、どんな大政治家といえども、きちんと法の裁きを受けるのだと思っていた。

だが、そうとは限らないことが分かった。法の網の目は政治家の前で大きく押し広げられることがあるのだ。かつては首相経験者をも逮捕した検察は、どこにいったのか。

事情聴取を拒む金丸氏を上申書提出にとどめたことに本欄にも弁護士、元判事など多くの法律家から、検察への疑問の声が寄せられている。ついには現職の札幌高検検事長の、内部批判といってもいいような投稿も本紙「論壇」に載った。世論の批判に検察は、居直りではなく胸を張れるのか。

私には検察の金丸信氏に対する対応は、実質的な指揮権発動——いや、それより悪く検察内部からの自主規制的指揮権発動だととれる。これでは巨悪ははびこる。政治の毒が検察にまでまわったか。

特捜部による金丸の取り調べ抜き上申書決着に対する批判は、札幌高検検事長の佐藤道夫だけでなく、特捜部長ＯＢからも上がった。

五十嵐紀男の５代前の東京地検特捜部長を務めた河上和雄もそのひとり。

92年11月９日の読売新聞朝刊は「元特捜部長が『金丸処分』を批判」の見出しで、河上が同日発売の「ＴＨＩＳ　ＩＳ　読売」92年12月号に金丸の罰金処分にいたる検察捜査の在り方を厳しく批判した論文が掲載されると伝えた。

同記事によると、河上は論文の中で「5億円を受領した金丸前自民党副総裁について、取り調べもせずに政治資金規正法の量的制限違反罪だけで略式起訴したのは間違いだ」と明言。金丸秘書の生原正久が当初、政治団体が寄付を受けたと供述したとされる点をとりあげ、「政治団体が受けたとすれば、会計責任者は同法の不報告罪（禁錮5年以下または30万円以下の罰金）にあたり、後に上申書に合わせて、金丸氏個人が受けたと訂正したとしても、その時点までは金丸氏に不報告罪の共犯の容疑はあった」と指摘。

「金丸氏本人の取り調べや自宅、事務所の捜索もしなかったのは捜査不十分であり、実力政治家を特別扱いしたと非難されてもやむを得ない」とした。河上の言う「不記載罪」と同じ意味だろう。

検察が金丸取り調べ見送りの理由としたのは、適用する量的制限罪の最高刑が罰金20万円と軽く、それを証明するための取り調べや家宅捜索など手続きの重さと見合わないことだった。河上の指摘する不報告罪は最高が5年以下の禁錮。重罪だ。罰則と手続きのアンバランスを考慮する必要はなくなる。

最終的に量的制限違反だけで訴追することになったとしても、捜査段階なら、この切り口で強制捜査することも可能だという河上の理屈は、若干、トリッキーではあるが、一応筋は通っている。

記事は、河上が「不公平捜査の最大の影響は『国民の検察にかける期待を完全に裏切った』

ことだと指摘。この汚点は検事総長のクビでも消えないだろうとし、適正妥当な捜査を行う力がある検査の今後に期待したい、と結んでいる」と伝えた。

河上は１９５８年に検事任官。東京地検特捜部時代にロッキード事件の捜査に携わり、留学経験を買われ米司法省などが集めた資料を米国から持ち帰った。83年特捜部長。新薬スパイ事件などの捜査を指揮した。佐賀地検検事正、法務省矯正局長などを歴任。最高検公判部長を最後に91年に退官した。

弁護士になってからは、駿河台大学大学院法務研究科で教壇に立ったほか、日本テレビの人気番組「真相報道　バンキシャ！」に元特捜部長の肩書で出演。辛口コメンテーターとして活躍した。夫人に先立たれ、歌手の千葉紘子さんと再婚した。

２０１５年２月に死去。81歳だった。

特捜部＝関東軍論

現職検事長や検察ＯＢからの厳しい批判は、「特捜一家」の結束にもひびを入れた。ある検察幹部の送別会があった。その宴席の場。検察首脳ら主立った幹部がグラス片手に談笑する中、五十嵐の前任の特捜部長で最高検検事の石川達紘が五十嵐に近づき、いきなり「特捜検事、特捜部長をやっていたことが恥ずかしい」と大きな声を上げたのである。

石川は１９９１年１月に特捜部長から佐賀地検検事正に異動。92年５月に最高検検事に戻っていた。五十嵐は、「味方」と思ってきた石川からの突然の批判に一瞬、面食らったが、「そんな恥ずかしい話じゃない。変な捜査をしたつもりはない」と毅然と言い返した。

石川、五十嵐が共に特捜部の副部長時代の特捜部長で当時、最高検の東京担当検事だった山口悠介も近くにいたが、2人の激しい応酬をあっけにとられて見つめるばかり。

「これは、まずい」と判断した副検事が「ちょっと待ってください」と仲裁に入るほどの激しいやり合いだった。筆者は、後に、石川、五十嵐双方からこの事実を確認した。

石川の主張は、「とにかく検事を金丸邸に派遣すればいい。断られたら、また行けばいい。そうすると、世論は金丸に対して批判的になり、金丸をたたく。金丸は取り調べに応じざるを得なくなる。なんでそうしないのか」ということだった。五十嵐からすると、それは検討済みの話だった。担当副部長の佐渡ら特捜現場の大勢の意見は以下のようなものだったという。

金丸に門前払いされ、検事がすごすご引き返すのを報道されると、金丸側は「何だ、検察はこの程度か」と変な自信をつけ、あくまで取り調べを拒否するかもしれない。

それでもなお検事を金丸邸に派遣し、また断られることを繰り返したら、政界を中心に、「たかだか20万円の罰金事件。本人が認めて罰金を払うと言っているのに取り調べにこだわるのは行き過ぎた権力行使ではないか」との検察批判が噴き出すのではないか――。

「そんなこともあり、無理して取り調べることはない、との判断に落ち着いた。石川さんの意見は、私からみると、儀式論。国民の目から見て、あれで終わったら、尻切れトンボで検察が十分捜査していないと映る、何はともあれ、国民の期待に応えるべく、金丸さんを取り調べたという形をつけることが大事という考え方。検察権の行使は、かっこうをつけることではない。それはパフォーマンスでしかないのでは、と思った」と後に五十嵐は語った。

石川は石川で自説を曲げなかった。現特捜部長と前特捜部長の衝突は、取り調べ抜き上申書決着に対する検察部内の意見の対立を象徴しているようにも見えた。

札幌高検検事長の佐藤、元特捜部長の河上、前特捜部長の石川らの特捜捜査批判は、現役特捜検事にとって厳しくはあるが、見方を変えれば、身内ゆえの叱咤激励の意味もあった。

しかし、法務・検察では、それらとは別のベクトルの特捜部批判が起きた。法務・検察上層部による「特捜部＝関東軍」論である。こちらの方が問題だった。特捜部長だった五十嵐はいう。

悲しかったのは、取り調べなし上申書決着は検察首脳会議で決まり、特捜部はそれに従って粛々と捜査を進めたにすぎないのに、批判を受けるようになってから、特捜部がそれを提案し最高検がそれに応じたという話になったこと。いわゆる特捜部＝関東軍論が出てきたことだ。

関東軍とは、戦前の帝国日本が経営していた南満州鉄道と遼東半島南端を守るために満州に置かれた帝国陸軍の出先軍隊を指す。本土の陸軍中枢の制止を振り切り、31年に満鉄の線路を爆破。中国側の仕業として中国北東部を占領し32年に満州国を建国した。それを機に日本は中国との戦争、米国との戦争に突入。日本は破局する。

そういう経緯から、「関東軍」という言葉は、中央のコントロールに従わず勝手な判断で暴走し破滅をもたらす独立的集団のたとえとして使われる。「特捜部＝関東軍」論には、特捜部が、東京地検や東京高検、最高検など検察首脳が制止するのを無視し独断で突っ走り、国民の批判を呼び込んだ――。「諸悪の根源は特捜部」というニュアンスが込められていた。

特捜部の東京佐川急便事件捜査には紆余曲折があり、時にはルール違反もあった。東京佐川元社長の渡辺広康の弁護人の弁護士事務所を捜索し、接見記録を押収する違法行為を犯しながら、捜索した事実を含めて検察上層部に隠していた。それは責められても仕方がなかった。

それを理由に検察上層部が特捜部を「関東軍だ」と言っているのだ、と受け止める現場検事もいた。しかし、特捜部の東京佐川事件捜査は、大筋においては独走も暴走もしていない。なにより、批判を浴びた金丸闇献金事件捜査の上申書決着は、検察首脳会議での最高検首脳の発議を受け、出席者の総意で決まった。特捜部は取り調べに応じない金丸に対する強制捜査（家宅捜索）を主張していたが、首脳らの方針に粛々と従ったものだった。

取り調べ抜き上申書による罰金処分に対する検察批判と軌を一にして噴出した検察上層部の「特捜部＝関東軍」論。それは、世論の批判におじけづいた上層部による現場への責任転嫁を疑わせた。

検事総長まで決裁した事件の捜査手順や処理について、検察部内から「特捜部の独走」という声が出るのは異常だった。

ただ、つらつら考えると、金丸事件では終始、法務・検察首脳の腰が引けていたことに思い当たる。

これまで、捜査記録や証言で明らかにしてきたように、東京佐川急便事件の捜査では、捜査現場と検察首脳の間で捜査手法や証拠の開示をめぐり重大な齟齬があった。

特捜部が稲川会ルートの検察側冒頭陳述で、右翼による「竹下ほめ殺し」封じを金丸信の依頼で稲川会会長に頼み借りができたのが東京佐川元社長、渡辺が稲川会に巨額資金を流出させた動機だとして金丸の実名入りで詳述しようとしたのを、最高検が実名を削除しさらりと触れるだけにした。

金丸側に対する明らかな配慮であり、自己規制だった。

当時の法務・検察の上層部に、政権与党に対する忖度は間違いなくあった。法務省が必要とする予算を獲得し、法案をスムーズに通すためだ。法務省のロビイストたちは野党にも太いパイプを持つ国対族である金丸や配下の与党幹部を頼りにしていた。

一方で、竹下派幹部らは金丸事件での特捜部の捜査拡大を牽制したい思惑があった。以心伝心。そのころ、法務省幹部が竹下派幹部に、特捜部幹部の女性スキャンダル情報をご注進するのを目撃した、との自民党関係者の証言もあった。法務省と自民党にはそういう持ちつ持たれつの構造が当時はあった。ちなみに、その法務省幹部は根来ではない。後輩の有力幹部だった。

世論の批判を受けてから法務・検察首脳らの金丸事件に対する熱は急速に冷めた。特捜部が余罪捜査の方針を報告しても消極的な反応を隠さなくなった。

制度の欠陥是正の訴えは通らず

検察に世論の逆風が吹いた直接のきっかけは金丸信に対する取り調べ抜き上申書決着だったが、世論がそれを、検察の重大な「えこひいき」と受け止めたのは、同時に発表した新潟県知事・金子清の処分との落差だった。

5億円の裏金をもらった金丸が罰金20万円で済んだのに、1億円の金子は禁錮や懲役などの判決が想定される公判請求を受けた。

政治家の寄付の量的制限違反罪の最高刑である罰金20万円は、とても5億円の闇献金に釣り合う刑罰ではなかった。金丸に対する検察の捜査の「歪み」の本質は、取り調べや上申書という捜査の手続き問題ではなく、適正な処罰を課すべき法律がなかったことにあった。

そもそも、収支報告書の虚偽記載罪や不記載罪の主体を政治団体のオーナーである政治家でなく、秘書らが務める会計責任者とし、政治家を安全地帯に置く政治資金規正法は、政治家の犯罪摘発を目指す検察にとって極めて使い勝手が悪かった。

刑罰が間尺に合わず、構成要件が不合理なら、検察はその事実を国民に知らせ、法改正を求めるべきだった。そして国民から与えてもらった新たな武器を駆使して不正摘発に邁進すればよかった。しかし、現実はそうなっていなかった。そこが問題だった。

東京佐川から5億円もらった金丸に対する20万円の罰金処分、1億円もらった新潟県知事の金子清に対する公判請求処分を同時に行ったとき、特捜部長の五十嵐はあるもくろみがあった。2011年、五十嵐は以下のように語った。（注23）

1億円もらって公判請求の金子新潟県知事と5億円もらって罰金の金丸さんと、処分の重さがアンバランスになるのは、検察が金丸さんに手心を加えたのではなく、政治資金規正法の規定が1億円貰った金子知事に対する虚偽記入罪が禁錮5年以下であるのに対して5億円もらった金丸さんに対する量的制限違反の罪は20万円以下の罰金刑しか定められていなかったからだ。

検察の武器は法律しかない、その法律がこんな不平等でいいのか、それを国民の皆さんに分かってもらいたくて敢えて金子さんと金丸さんを同時処理したのだと何度も記者諸君に説明した。ところが、佐藤道夫札幌高検検事長の朝日新聞への投稿が捜査批判を勢い付かせた面もあって、マスコミは全社横並びで一斉に検察の処理を不平等だと報じ、我々の意図を正確に報道してくれなかった。このことは今でも非常に残念に思っている。

五十嵐の指摘する法の不備をマスコミが無視したわけではない。処分翌日の9月29日の朝日新聞社説は、上申書決着批判に加え、「起訴された金子前知事よりも多額の献金をもらった金丸代議士に対する処分が、略式起訴になったことも、法の規定からは仕方がない面もある」と指摘している。

しかし、世論の検察批判の風圧はあまりにも激しかった。それを反映したマスコミの論調の中で「制度の不備」論が埋没した印象は免れない。処分を機に国民に法の不備を問題提起し、法改正を促そうとする五十嵐の願いはあえなく潰えた。その悔しさはよくわかる。

ただ、筆者は、当時の検察への激しい逆風にはもっと構造的な要因があったと考えている。

政治腐敗に対する特捜検察の捜査スタンスと捜査モデルにかかわる問題である。政治権力を背景にルールを歪め利権を貪る腐敗政治家の剔抉《てっけつ》を国民から期待されてきた特捜検察には、検察権行使の長い歴史の中で練り上げた捜査の得意技がある。贈収賄と脱税だ。特に、贈収賄は明治以来、大型の政治腐敗摘発で主要な武器として存在感を示してきた。

密室犯罪である贈収賄事件は、贈賄側から賄賂の授受と贈賄趣旨の自白をとり、一定の裏付け証拠があれば、収賄側が否認しても、裁判所はほぼ有罪の心証をとってくれた。小世帯の特捜検察にはありがたい武器だった。

その検察の前に、戦後、政治腐敗監視の新たな武器が登場した。政党や政治家のカネの透明性を高めるため、政党・政治団体に収支報告書の提出を義務付け公開するよう定めた政治資金規正法である。

敗戦後の日本の政界は、政治家の腐敗と政党乱立で大混乱に陥った。それを懸念したGHQが主導し米国法をモデルに議員立法で作られた。施行されたのは1948年。東京地検が芦田均前首相や福田赳夫大蔵省主計局長（のちに首相）ら多数の政府高官を収賄で摘発した昭電疑獄と同じ年だった。

ただ、検察がこの新たな武器を積極活用することはなかった。先にも触れたように、不記載、虚偽記載罪の主体を会計責任者とするなど、検察側からすると穴だらけで、政治家摘発の武器としては使いにくいと映ったからだ。

そのため、検察は、その後も、戦前から使い慣れた贈収賄を多用することとなる。

政治資金規正法の適用は、メインディッシュである贈収賄の摘発が終わった後の付け足し的立件がせいぜい。食後のデザート的扱いだった。

自民党一党支配の55年体制、つまり政官財もたれ合いの護送船団体制が完成し、高度経済成長が軌道に乗った60年代、特捜部は体制の守護神、ガス抜き装置としてフル活動した。武州鉄道事件、共和製糖事件、日通事件など政界汚職を次々と贈収賄で摘発。マスコミは「特捜検察黄金時代」とはやし立てた。

そして、米国上院の調査で発覚した76年のロッキード事件。特捜部が米司法省などから核心の資料を入手し、旅客機の機種選定をめぐりロッキード社・丸紅側から5億円の賄賂をもらったとする受託収賄容疑で元首相の田中角栄を摘発すると、国民はさらに大きな喝采を検察に送った。特捜部副部長として捜査を指揮した吉永祐介は「捜査の神様」になった。

皮肉なことに、その「成功体験」が検察を縛る。政治家を収賄罪で摘発することが捜査の理想型、最大の勲章との意識が定着してしまったのだ。その間、政治腐敗監視のもう一つの武器、政治資金規正法は金権スキャンダルや政界汚職が摘発されるたびに「ザルの穴」を埋めるつぎはぎ改正はなされたが、検察は見向きもせず、ほこりにまみれていく。

度重なる検察の収賄摘発に政治家側も学習する。有力議員は、検察の贈収賄摘発モデルに対応し、職務権限の立証が容易な大臣に就いているときは金をもらわず、職務権限のない政権政党幹部として業者側の意向を受けて権力を振るい、懐を肥やすようになる。検察の贈収賄摘発は次第に難しくなっていく。

贈収賄立件のカギは贈賄側など関係者からの自白獲得にあるが、それが簡単に取れなくなってきたこともある。日本社会に根強かった「お上」意識が薄れ、それに伴い、検察に対する政治家や企業関係者の対応も変わった。「東京地検特捜部です。ちょっとお話をうかがいたい」と電話しただけで、九州の会社役員がわざわざ資料を持参し飛行機で飛んでくる、ロッキード事件捜査当時に見られた光景は過去のものとなり、「任意の聴取なら、帰らせてもらいます」とさっさと席を立つ参考人も増えた。

検察OB弁護士を雇った被疑者側の防御ノウハウも格段に高まった。

それでも、特捜部は贈収賄での摘発にこだわった。ロッキード事件摘発の余韻が残っていたころ特捜部入りした検事（後に特捜部長）は、80年代初め、ある捜査で有力国会議員に業界から莫大な裏金が流れていることをつかんだ。

「すごい事件です」と副部長に報告すると、「（賄賂の）趣旨はつくのか。つかないカネは捨てろ」と一蹴された。この議員は大臣ポストに就いておらず、国会質問などもしていなかった。カネの授受は明白だったが、収賄罪の構成要件である職務権限がなかった。

一瞬、脳裏に政治資金規正法が浮かんだが、そのころの特捜部には同法を使う発想はまったくなかった。検事は泣く泣く、裏金事件を没にした。

そうした状況は、1992年に東京佐川事件で金丸の5億円闇献金や金子清の選挙資金に政治資金規正法を適用する直前まで変わらなかった。

金丸闇献金事件の3年前に摘発したリクルート事件は、未公開株が政官財界に幅広くばらまかれ、利益提供の趣旨の特定が難しい事件だった。未公開株譲渡自体は合法であり、検察にとっては「筋悪」の事件だった。検察が重い腰を上げたのはマスコミの「濡れ手にアワ」とのキャンペーンで世論に火がつき、放置できなくなったからだ。東京地検検事正として捜査を指揮した吉永は、賄賂の趣旨を立証しやすいNTT首脳や、リクルートがかかわる就職協定に職務権限を持つ官房長官だった藤波孝生らをギリギリで贈収賄の「型」にはめ込んで摘発したが、世間には物足りなさが残った。

贈収賄を適用できなかった前蔵相の宮沢喜一、自民党幹事長の安倍晋太郎ら3政治家側に流れた金については政治資金規正法を適用したが、秘書や政治団体の会計責任者計4人を罰金にするのがやっと。世論は怒り、これを機に同法を強化改正する動きが起きた。

しかし、簡単ではなかった。自らの首を絞めることになる政界側の抵抗は大きかった。法改正を含めた政治改革の流れが決定的になるためには、92年の金丸闇献金事件の捜査を待たねばならなかった。

特捜部が東京佐川急便事件を摘発した当時、政権ではなく、与党が事実上、政策決定権を握る政治の二重権力構造があった。職務権限を持たない族議員のボスが首相や閣僚以上の実権を持った。政界のドン、金丸信はその象徴だった。

職務権限のない金丸は、請託を受けて業界から何億、何十億円もらおうと、贈収賄事件での摘発対象にはできなかった。検察による政治腐敗監視が事実上機能しない、いわばアンタッチャブルの世界で重要な政策や人事など物事が決まっていく世界があった。5億円闇献金事件もそういう状況下で起きた事件だった。

しかし、マスコミ報道を受けて金丸が「自らが5億円を受領した」と想定外の「自白」をしてしまったため、検察は使い勝手が悪い政治資金規正法という武器でそのアンタッチャブルに挑まざるを得なくなった。

金丸闇献金は、政治の二重権力構造のもとで増殖した巨大な利権の氷山の一角にすぎなかった。それはこのあと摘発される金丸脱税事件やそれに続くゼネコン事件などで徐々に明らかになっていくが、得体の知れない巨額の裏金が国民から見えないところで動く世界は間違いなくあった。

贈収賄での政治家摘発を金科玉条とする検察は、その世界を検察権行使の対象外とみなし、事実上、野放しにしてきた。それは国民が望むことではなかった。

本来、法務・検察のリーダーたちはそういう状況に危機感を持ち、アンタッチャブルに切り込むため法整備などに知恵を絞り、いざ、巨大な疑惑の事実が国民の前に現れたとき腹をくくって、国民の期待に応える検察権行使をできるよう胆力を鍛えておくべきだった。

しかし、彼らはそうしなかった。そのため金丸闇献金事件が出現したとき慌てふためいた。世論は、検察のその体たらくを鋭く見抜いたのではないか。だからこそ検察の金丸事件処理で怒った。

贈収賄捜査モデルで元首相逮捕という金字塔を築いた吉永祐介の薫陶を受け、金丸事件捜査を指揮した佐渡は後に筆者にこう語った。

金丸の5億円闇献金は、検察がかかわる贈収賄での実体的な処罰システムの外の世界の話だった。法律でぴしっと決められていない世界。従来の贈収賄モデルでは切り取れない生の政治活動に係る生のカネの事実が出てきたときに検察はどうするのか、検察首脳の腹が据わっていなかった。それでおたおたした。

当時、大阪高検検事長だった吉永（祐介）さんは、そこは検察の仕事ではない、と割り切っていた。そういうものに対してガサして逮捕するのか、という議論。吉永さんがもし、東京高検や最高検の指揮ラインにいたら、中途半端にやると大変だ、と立件そのものを見送っていた可能性もあったと思う。

法律が整備されていないから、摘発は見送るか、事実をもとに不備な法律で事件にし、法律の不備をクローズアップすることで国会に法律整備を促す、2つの道があった。俺たちは後の道を選んだ。結局、法改正のきっかけにはなったが、場当たり的な改正に終わった。

調書朗読事件でさらなる逆風

金丸闇献金事件処理で厳しい世論の批判を受けた特捜部にとって悪いことは続く。今度は「ミス」である。

東京佐川急便元社長、渡辺らに対する特別背任事件（稲川会ルート）の公判に本来は開示すべきでない供述調書を証拠請求してしまったのだ。それが「惨事」を招く。

1987年秋の自民党総裁選で、右翼の日本皇民党の竹下登に対する執拗なほめ殺し攻撃を、金丸が東京佐川元社長の渡辺広康を介し暴力団稲川会会長に頼んで封じ込めた事に関連して特捜部は、多数の政治家から攻撃中止の要請を受けたとする日本皇民党総裁（公判時）の供述調書を作成していた。

総裁は政治家の実名を上げた調書の作成に応じたが、特捜部は、渡辺の特別背任事件の背景事情であると位置づけ、名前の出た政治家側に対する裏付け捜査をしていなかった。つまり、供述内容は右翼幹部の一方的な言いっ放しにすぎず、真実かどうかは不明だった。

その種の実名を記載した供述調書は本来、捜査の参考資料として手元に置くべきもので、法廷に出してはいけない証拠だった。

ところが、92年9月初め、検察側で裁判を担当する東京地検公判部はその実名調書と政治家名を仮名にした調書を証拠請求し、被告・弁護側に開示した。渡辺側は証拠採用に同意しなかったが、共犯で起訴された稲川会企業舎弟の北祥産業元社長、品川宗徳ら他の2被告は採用に同意。裁判所は調書2通を証拠として採用した。

11月2日の公判では、渡辺不出廷のまま、証拠調べが行われ、検察側は仮名調書の要旨を告知し、実名調書は仮名調書と同じ内容だと説明した。

刑事裁判では、供述調書などの証拠書類を調べるときは全文を朗読するのが基本だが、刑事訴訟規則では、裁判長が訴訟関係人の意見を聞いて相当と認めるときに朗読にかえて要旨の告知を行うとされている。裁判長の小出錞一は皇民党総裁の供述調書については仮名調書の要旨告知で済ませることに注文をつけなかった。この時点で総裁の調書2通は検察から裁判所の手に渡った。

その3日後の5日に開かれた品川の公判の冒頭、裁判長の小出は、要旨告知が終わっている総裁の実名調書について「合議の結果、朗読が相当」「立証趣旨を考えると、被告人によく知っておいてもらった方がいい」と宣言。立ち会い検事に実名調書の全文を読み上げるよう指示した。

予期せぬ展開に立ち会い検事は一瞬、慌てた表情を見せたが、裁判長の指示に従った。皇民党総裁の供述調書が朗読されると、傍聴席がどよめいた。

供述調書の内容は、亡くなった皇民党の前総裁から聞いた話として、皇民党が展開した竹下ほめ殺しについて自民党の副総裁だった金丸、政調会長の森喜朗、竹下派会長の小渕恵三、国対委員長の梶山静六、衆院議員の魚住汎英、参院議員の浦田勝、それに無派閥の浜田幸一の7人から街頭宣伝の中止要請があり、解決金として政治家側から資金提供の申し出もあった——とするものだった。

皇民党総裁の供述が事実なら、金丸による稲川会会長の石井進へのほめ殺し封じ依頼に続く政界の大スキャンダルだった。裁判所がこの調書を証拠採用していたこともあり、マスコミ各社は供述内容を大きく取り上げた。

1992年11月6日朝日新聞朝刊の記事を引用する。（太字部分）

昭和62年（87年）9月30日、先代（皇民党）総裁の故稲本虎翁に対し、石井進・稲川会会

長（当時）から街頭宣伝活動の中止の申し入れがあったことは、別の（取り調べの）機会に話した通りだが、このほか政治家からの申し入れもあった。

金丸信、小渕恵三、梶山静六、森喜朗、浜田幸一、浦田勝、魚住汎英らで、時期は昭和62年6月から8月ごろだったと聞いている。このうち金丸、小渕、梶山は代理人を通じて、森、浜田、浦田、魚住は本人がそれぞれ申し入れてきた。金丸、小渕、梶山、森には稲本が、浜田には私が、魚住には私と稲本が、浦田には（皇民党の）総裁代行が会った。

このうち、金丸の代理人と森本人からは「金銭で解決できないか」と話があった。金丸の代理人からは「30億円で手を引いてくれ」、森からも「20億で手を引いてくれ」という話があったと聞いている。

金丸の代理人には、稲本が「来るなら（金丸）本人で来い。30億出せるなら目の前で出してみろ。それを、おれが手で取るか、足でけるか、金丸本人が見てみろ」と言い、その後、先方が来なくなって話は流れたという。

バブルの余韻が残る当時でも、右翼のほめ殺し封じに、政界の大物が20億、30億のカネを出して手打ちを持ちかける。

当然、裏金だ。

信じがたい話ではあったが、総裁の語り口は、いかにも、ありそうにも思える迫力があった。

森とは、金沢の右翼団体と清水建設のトラブルをめぐって、森が清水建設の代理人として出てきたことがあり、以前から面識があった。森には「金で動いているわけではない」と断った。

梶山、小渕の代理人には稲本が面会を拒否した。浦田との話し合いの内容は聞いていない。魚住は「西日本獅子の会」（右翼団体の集まり）の関係者を通じて、「会ってくれ」と言ってきたので、ホテルニューオータニで会い、昼食をともにしたが、中止の申し入れをけった。浜田とは62年盆過ぎに高松グランドホテルで面会した。「竹下首相就任阻止の活動をやめてくれ」と言われたので、私は「反竹下ではなく、竹下支持の活動だ」と答えた。浜田は「ほめ殺しじゃないか。あんたらの活動でみんなが迷惑している。やるなら正面から正々堂々とやれ」。私は「あんたたちは政治力を使うじゃないか」「警察から嫌がらせを受けた」などとやりあい、物別れになった。浜田との面会内容はテープに隠し取りしている。（皇民党としては）石井前会長からも政治家からも金はもらっていない。

朝日新聞によると、金丸信の次男で秘書の信吾は、電話取材に対し「全くの事実無根。迷惑千万な話だ」と全面否定した。

森は「稲本氏には会ったこともない。（当時、安倍派だった）私が、なぜそんなことをしないといけないのか。全く不可解な話」とし、小渕と梶山も同様に関与を否定した。

一方、魚住と浦田は皇民党側と接触し中止要請をしたことを認めた。浜田は中止要請については否定したが、接触したことは認めた。

皇民党総裁の供述内容が公になったことで、皇民党による竹下ほめ殺し封じをめぐる疑惑に再び、世論の関心が集まった。

検察が裏付けを取っておらず、また、伝聞の多い供述ではあったが、攻撃を仕掛け、自民党側と直接折衝したとする当事者の証言は重い。火のないところに煙は立たず。ことは日本の政治の根幹に触れる問題だ。本来は、国民の負託を受けて国政を担う与野党が国政調査権を駆使して国会で真相解明すべき話だった。

それ以前に実名を公表され、国民の疑念を招いた政治家はまず、自ら会見を開き、皇民党の竹下ほめ殺し攻撃についてどういう行動をしたか、自らの言葉で有権者に説明する責任があった。

しかし、そうはならなかった。実名を公表された当の政治家たちは、特捜部が自分たちに事実関係を確認しないまま調書を作成し、それが法廷で朗読された事実に気付くと、竹下ほめ殺しをめぐる皇民党と自らのかかわりには口をつぐみ、一斉に調書を公開した検察と裁判所の非を鳴らしたのである。

彼らは、特に検察の失策を見逃さなかった。党の大立者である金丸と新潟県連が擁立した新潟県知事・金子清の政治資金規正法違反事件を相次いで摘発された怨念を晴らすかのように「名誉毀損だ」などと検察に対する猛反撃に出たのである。

東京地検次席検事の高橋武生は、実名調書朗読翌日の11月6日夕の定例記者会見で、皇民党総裁の調書の立証趣旨について「皇民党が『ほめ殺し』活動を強い意思のもとで行い、その解決がいかに困難であったかという状況と、その難問を稲川会の石井進前会長が解決してくれたことに、東京佐川急便の元社長・渡辺広康被告が非常に感謝し、特別背任を犯してまで石井系企業に資金援助した動機や背景を証明する証拠の一部として、裁判上必要だと考え、開示した」と説明した。

そのうえで「あくまでも裁かれている渡辺（広康）被告の供述の信用性を補強するための間接事実に過ぎず、供述の中にある政治家の個々の言動などを立証するものではない」と述べ、「私たちの立証趣旨を正しく理解してもらえば、名誉毀損にはあたらないと思う」と語った。

しかし、実名を公表された政治家や自民党の怒りは収まらなかった。

自民党幹事長の綿貫民輔は「伝聞に基づく検事調書であり、人権の上で極めて問題だ」などとして、国会の裁判官弾劾裁判所、裁判官訴追委員会、総理府の検察官適格審査会などを舞台に関係した裁判官や検事を追及し、さらに、担当検事らを名誉毀損で告訴する方針を明らかにした。

問題は、特捜部の責任者である五十嵐ら検察幹部が、実名調書を証拠請求していた事実を知らなかったことだ。

「取り調べも受けずに突然、裁判の場で自分の名前を読み上げられた政治家が怒るのはもっとも。検察のミスと認めざるを得ない。うかつと言えばうかつだったが、まさかそんな調書が裁判所に証拠請求されて取り調べ済みだったなんて夢にも思わなかった」（五十嵐）

東京佐川事件の公判立ち会いは、東京地検特捜部でなく地検公判部が行った。捜査資料が膨大なため、特捜部は「証拠提出」と「非提出」に整理して公判部に渡した。その仕分けをしたのが主任検事の大野恒太郎だった。

担当副部長の佐渡は大野から「実名調書を出していいか」と相談を受け「いいんじゃねえ

か」と応じていたが、五十嵐には報告していなかった。

佐渡によると、実名調書を証拠請求したのは、供述に登場する政治家が実際にどう行動したかではなく、皇民党側がどう受け止めているかを立証するためだった。

それゆえ、公判部の立ち会い検事が弁護側と折衝し、朗読せずに要旨告知で済ませることにした。東京佐川急便事件の捜査、公判に深い関心を持つ法務省刑事局はそういう証拠調べの仕方についても、関与していたという。

しかし、法務・検察部内では、騒ぎの責任は特捜部長の五十嵐と担当副部長の佐渡にあるという話になった。

おかしな展開だった。

本来、自民党総裁選をめぐり金丸が反社勢力を使って右翼の竹下ほめ殺しを封じた問題は、自民党が国民に真相を説明し謝罪すべき問題だった。

しかし、自民党は説明責任を果たすどころか、検察の手続きミスにつけ込み、検察批判を繰り広げた。

野党とマスコミは自民党の行動を「筋違いだ」と批判したが、迫力に欠けた印象があった。右翼封じをめぐる自民党の怪しい行動の真相は解明しなければならないが、検察側の捜査・公判の手続きミスもあってはならないことだった。そして、金丸闇献金事件処分をめぐり検察に対しては厳しい世論の批判が起きていた。そういう中で、自民党の検察攻撃を批判しにくいムードもあったのかもしれない。

官邸の窮地救った検察幹部のアドバイス

検察を告訴すると息巻く政権与党の自民党に、法務・検察を政府機関として抱える宮沢政権は困った。そのとき、政権側に「告訴はしない方がいい」とアドバイスした検事がいた。当時、最高検検事だった石川達紘である。

実名調書が朗読された翌日の92年11月6日夜、港区六本木のメキシコ料理店。石川と会食していた宮沢の首相秘書官の中島義雄のポケットベルが何度も鳴った。大蔵省出身の宮沢は、後輩の大蔵官僚で切れ者といわれた中島に深い信頼を寄せ、政策から危機管理まで何でも相談していた。

前日の政治家実名調書朗読で、自民党幹部らは、担当検事を告訴すべきと党総裁の宮沢を突き上げていた。法務省もパニックに陥っていた。宮沢自身、判断に困り、どうしたらいいか、と中島に聞いてくるのだった。

電話から戻ってきた中島は石川に「率直に言います。総理が判断に困っています。どうしたらいいですか」と聞いた。

石川は即座に答えた。

「国が国を訴えても事件になりません。検察側に恨みを残すだけです。告訴はやめた方がいい」

石川の言う最初の「国」は政権与党。そのトップは首相である宮沢だ。次の「国」はもちろん、内閣の一員である法務省傘下の検察である。

「検察のしかるべき人の話として、総理に伝えていいですか」

「いいですよ」

中島はそそくさと立って、電話で宮沢にその旨を伝えた。宮沢は幹事長の綿貫らを説得し告訴を見送らせる腹を固めた。席に戻った中島は安堵の表情を浮かべ石川に感謝の言葉を述べた。

2人の会話を詳細に再現できるのは、実は筆者がその場にいたからである。共通の知己である2人の会食をこの夜、セットしたのは筆者だった。

結局、首相の宮沢の判断で、自民党は検察に対する告訴は見送った。しかし、自民党側は執拗にこの問題を国会で追及した。

内閣改造で新たに法相に就任した後藤田正晴は翌93年3月11日の参院予算委員会で、下稲葉耕吉（自民）の質問に答え「法律上の問題はないが、裏（付け）のとれていない話を読み上げ、大変な名誉毀損というか、迷惑をかけたことをおわびしなければならない。まあ俗語で言えば、（検察の）チョンボだなあと思う」と答弁。調書朗読問題に事実上、幕を引いた。検察側の全面敗北だった。

この政治家実名調書朗読で、検察部内での特捜部の立場は厳しくなった。特捜部長の五十嵐と副部長の佐渡には罰点がついた。

朗読したのは公判部だったが、特捜部の起訴した事件で証拠請求も特捜部がリードした、よって責任は特捜部にある、ということになった。主任検事の大野恒太郎、提出証拠の選定にかかわった法務省刑事局幹部の責任は問われなかった。

五十嵐が振り返る。（注24）

赤松（幸夫）弁護士事務所の捜索問題があり、稲川会ルートの検察側冒頭陳述で、特別背任の動機―皇民党の竹下ほめ殺し封じをどこまで書くかということで特捜部が（金丸の）実名削除で抵抗した。それにこの朗読問題。検察の上層部が怒るのも、うなずける。しかし、この調書朗読問題については、法務・検察内部において十分な事実関係の調査が行われないまま、責任は特捜部にありと強調された感じがする。

五十嵐は、特捜部長として金丸信を脱税容疑で逮捕したのをはじめ、ロッキード事件以来の政治家逮捕（共和事件の阿部文男元北海道開発庁長官）など多数の事件を手がけた。歴代の特捜部長の中でも最も華々しい「戦果」を上げた一人だった。

しかし、その後の人事は恵まれなかった。特捜部がゼネコン事件の捜査に着手した直後の93年7月、最高検検事に異動。同年9月大分地検検事正。最高検検事、宇都宮地検、千葉地検の検事正を歴任。99年12月、横浜地検検事正で退官した。

佐渡は93年4月、東京地検刑事部副部長に異動。1年後の94年4月には、検察では「中2階」の東京高検刑事部の検事になった。いわゆる「窓際」への異動だ。

このまま検察組織に埋没し地方の検事正を1、2カ所やって退官か、と思っていた佐渡の運命を変えるできごとが起きるのは同年秋。特捜部が摘発した89年のリクルート事件政界ルートで受託収賄の罪で起訴した元官房長官、藤波孝生に対し、東京地裁が無罪を言い渡したのだ。

藤波事件には検察の威信がかかっていた。東京地検検事正としてリ事件の捜査を指揮した検事総長の吉永は無罪判決を受けたことに衝撃を受け、逆転有罪獲得を目指し、リ事件捜査で藤波の取り調べを担当した佐渡を、藤波ルートの控訴審を担当する東京高検特別公判部長に抜擢した。

佐渡は期待に応え、持前の緻密な捜査で事件のポイントとなる「請託」の立証に成功。東京高裁は97年3月24日、一審の無罪判決を破棄し、藤波に対し、懲役3年、執行猶予4年、追徴金4270万円とする逆転有罪判決を言い渡し、最高裁で確定した。

検察部内での佐渡の評価は一気に高まり、検察幹部コースに復帰する。藤波逆転有罪判決から間もない同年4月3日、東京地検特捜部長と並ぶ出世コースの同刑事部長に起用された。秋田地検検事正、最高検検事を経て2001年4月、検察のスポークスマンである東京地検次席検事に抜擢された。

佐渡は京都、大阪地検の検事正を経て福岡高検検事長で退官。2007年、証券取引監視委員会委員長に起用された。16年に退官するまで3期務め、その間に反社勢力などと通じて市場の公正を歪める「市場のハイエナ」を次々と摘発。また、刑事告発に偏った組織運営を、課徴金などの行政処分を有効活用し刑事告発と柔軟に併用する体制に転換。市場監視強化に貢献した。

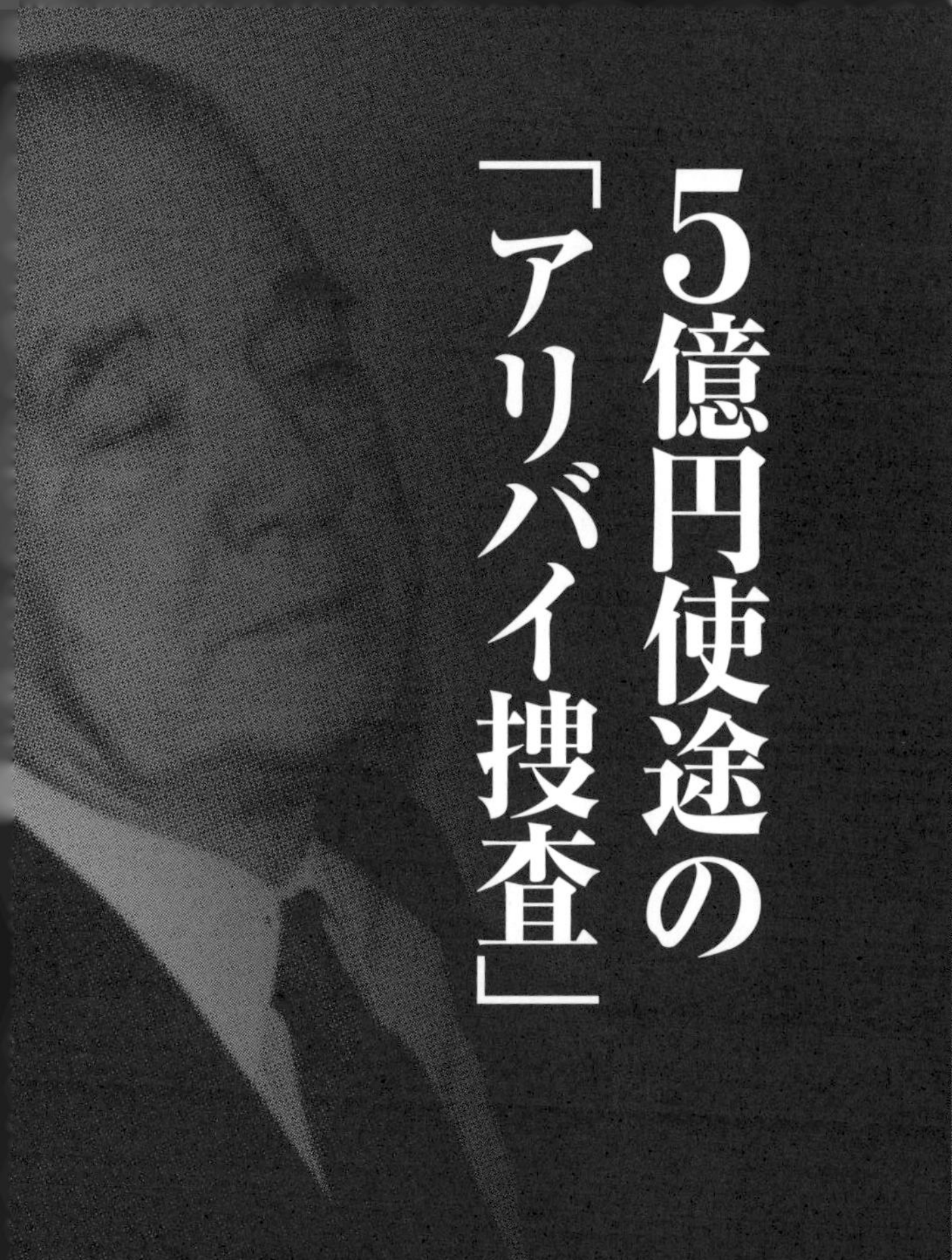

第6章

5億円使途の「アリバイ捜査」

佐川マネー受け取った六十数名

東京地検特捜部の東京佐川事件での最後の仕事は、金丸信が東京佐川元社長の渡辺広康から受け取った5億円闇献金の使途捜査だった。

金丸は、朝日新聞報道を受けた記者会見や政治資金規正法違反容疑を認めた上申書で「5億円は1990年2月施行の総選挙で派閥の議員らに配った」と言明。金庫番秘書の生原正久も特捜部の取り調べに対し「六十数人に500万円から2000万円を配った」と供述。その概略が報道されていた。

今も昔も、政治家の裏金の使い道は有権者の最大の関心事だ。2人の供述通りなら、東京佐川側からの企業献金、しかも裏金による闇献金が政権与党最大派閥の国会議員らの選挙資金に使われた疑いが濃厚だ。どの議員が佐川マネーで選挙を戦ったのか——国民の関心はそこに集まった。国民は、罰金とはいえまがりなりに金丸の刑事責任を追及した特捜部の捜査でさらなる政治の闇が明らかになるのではないかと期待したのだ。

金丸の罰金処分の直後から、特捜部には、金丸や金丸側から金を受け取ったと想定される匿名の竹下派所属国会議員ら六十数人に対する政治資金規正法違反などの告発が殺到した。特捜部の捜査記録によると、その数、金丸に対する告発の第1次不起訴処分を決めた同年12月22日時点で実に3万1028件。それほどの盛り上がりになったのは、田中角栄—金丸信と続く「金権政治」、つまり「力（政治権力）」＝「数（派閥議員数）」＝「カネ」の力学に由来する政治の悪弊・腐敗がそこに凝縮していると、多くの国民が受け止めていたからだろう。

検察は困った。5億円の使途捜査の主たる武器となる政治資金規正法は名うてのザル法で使い勝手が悪く、とても真相解明を求める国民の期待に応える自信がなかった。捜査の結果、「真相解明できませんでした」となると、金丸に対する20万円罰金処分で吹き荒れた世論の批判がまたしても、検察に襲い掛かってくるのではないかと恐れた。

10月初めには平和堂不動産社長の中野史郎（仮名）による特捜部の「違法捜査」告発が月刊文藝春秋に載った。さらに11月初めには裏付けのない政治家の実名調書を法廷で朗読してしまい自民党などから厳しい批判を受けていた。

世論を気にする検察首脳の間では、5億円の使途解明を含む金丸事件への厭戦気分が広がっていた。しかし、検察は、告発は原則として受理し捜査を尽くして起訴、不起訴の処分をしなければならない。逃げることは許されなかった。

野党にとっては、政権与党を追及する格好の材料だった。報道された事実をもとに国会での金丸らの証人喚問を求め、検察の尻をたたいた。それと呼応するように市民や野党関係者から多数の告発が検察に寄せられたのである。

告発内容は多岐にわたった。特捜部は、それらを以下のように分類した（注25）。

金丸については、

①竹下派国会議員六十数人に対し、1人当たり寄付の上限の150万円を超す寄付をした（政治資金規正法の量的制限違反・寄付の供与罪）

②個人の寄付の（当時の）上限である2000万円を超す寄付をした（同法の寄付の総量制限違反）
③5億円の過少申告による所得税法違反（脱税）
④渡辺広康から受領した5億円を自らの政治団体「新国土開発研究会」の収支報告書に会計責任者と共犯で記載しなかった（同法の不記載罪）
⑤新潟県知事選で渡辺の依頼で金子清の対立候補の立候補を辞めさせるため電話でその周旋をした（公職選挙法違反）。

一方、金丸側から金を受け取ったとされる「竹下派の六十数人の氏名不詳者」については、
①金丸から150万円を超す寄付を受領した（政治資金規正法の量的制限違反・寄付受領罪）
②金丸の「新国土開発研究会」からの寄付の受領を、政治団体の会計責任者との共犯で収支報告書に記載しなかった（同法の不記載罪）
③受け取った金を過少申告した所得税法違反
——だった。

いずれの告発も、検察側からすると、筋悪だった。

告発事実を立件する場合の難点を列挙した捜査メモ（注26）は、当時の政治資金規正法の「ザル度」がよくわかるので、少し細かくなるが紹介しておく。（太字はメモから引用）

まず、金丸から立候補予定者に対する150万円超の個別的量的制限違反については、「**金丸側からの寄付が金丸個人からではなく、政治団体から行われていれば、150万円の制限**

は適用されない」ことになっていた。

　そして、**「（金丸の秘書の）生原（正久）は、渡辺から金丸が受けた5億円は、金丸の指定政治団体である「新国土開発研究会」に入れた上、同団体から他の議員に配ったと供述」**し、**「金丸側の従来の政治資金の流れを見ると（略）一旦金丸個人が受け入れた寄付についても、全て指定団体に入れ、金丸個人の保有金をゼロにする運用が行われている」**。

　つまり、5億円は政治団体に入れたとする生原供述の蓋然性は高いと認めざるを得ず、この筋では立件できない——ということだ。

　金丸の2000万円を超す「寄付の総量制限違反」についても、**「金丸側からの寄付が金丸個人からではなく、政治団体から行われていれば、2000万円の制限は適用されない」**。**「そして、その前提として、金丸個人がその指定団体に5億円を寄付したことに対しても、『指定団体に対する寄付』**として2000万円の制限が適用されない」。

　つまり、金丸の5億円ばらまきにかかわる量的制限については、法律上、違法性がないと解釈せざるを得ないことになるのだった。

「メモ」は、金丸信の指定団体「新国土開発研究会」の収支報告書不記載罪についても、政治資金規正法上、**「会計責任者の身分犯であり、会計責任者に知情が認められない場合には犯罪が成立しない」**とする。

「知情」とは、自らに報告書の記載・報告義務があるのにそれに反したとの規範認識（故意）をいう。

「新国土開発研究会」の会計責任者の男性は、5億円闇献金事件が**「発覚するまで自分が会計責任者であることすら知らなかった旨供述（略）生原も（略）無断で同人を会計責任者として届け出た旨供述」**していた。

さらに、**「収支報告書に添付される宣誓書の署名押印も、生原の指示を受けた女性事務員が行ったもの」**だった。

要は、会計責任者は名目だけで、会計責任者としての「知情」がない。それゆえ会計責任者自身の罪を問うことは困難というわけだ。もちろん、名目上の会計責任者と実際の政治資金の処理にかかわった秘書らとの不記載などの共謀を立証できれば、理論上、立件は可能だ。しかし、捜査実務的には極めて難しい状況だった。それを乗り越えて秘書らの不記載容疑を固めても、秘書らが政治家本人との共謀を認めない限り、政治家本人の訴追はできない。政治家との強い絆を考えると、まず秘書と政治家との共謀立証は不可能だ。

そして、政治家を訴追できないなら、秘書らだけ摘発しても仕方がない――これが当時の特捜検事たちの普通の考え方だった。

一方、金丸側から寄付を受けたとされる国会議員側。

議員名供述を拒絶した金庫番秘書

「金丸側から寄付を受領したのが議員本人であれば、その全額を指定団体に寄付しない限

り、受領の事実を保有金に関する収支報告書に記載しなければならないが、その不記載に対しては罰則は適用されない」。

要は、金丸側からの寄付を政治団体で受けた場合は、政治団体の収支報告書に記載していれば、不問。していなければ、不記載容疑が浮かぶが、その場合も、金丸の団体の会計責任者の場合と同様、当該団体の会計責任者の「知情」が犯罪成立の前提条件となる。つまり、会計責任者がダミーだった場合は、罪に問うハードルは高くなる。

そして何より、立件のネックになったのは、金丸側から資金を受け取ったとされる「氏名不詳の竹下派所属国会議員六十数人」の固有名詞を特定できていなかったことだった。

議員の特定ができなければ、政治資金規正法や公職選挙法の違反を疑っても、捜査のしようがない。

金丸、そして秘書の生原は、東京佐川元社長の渡辺から受け取った5億円について、90年総選挙の立候補議員らにばらまいたこと自体は認めたが、議員名については頑強に供述を拒んでいた。

特捜部の「メモ」は政治資金規正法違反だけでなく、所得税法違反(脱税)の適用も難しい、と結論づけていた。

金丸個人が政治活動に関して受けた寄付は、雑所得として所得税が課せられる(所得税法35条)が、これを政治活動に必要な経費として使っていれば、必要経費として控除される。

そして、金庫番秘書の生原は、東京佐川元社長の渡辺から受領した5億円は全ていったん、指定団体である「新国土開発研究会」に入れた上、竹下派所属国会議員らに全額寄付し尽くした、と供述していた。つまり、5億円全額が政治活動の必要経費として使ったということになり、課税対象にはならないということだ。

ちなみに、金丸が後に逮捕される脱税事件では、盆暮れの企業献金で購入した割引金融債が脱税による「たまり」、つまり、政治資金とは無関係の「私的蓄財」と認定された。

新潟県知事選挙をめぐる買収周旋罪（禁錮4年又は30万円以下）については、1992年5月、3年の公訴時効が完成していた。なおかつ、新潟県知事選をめぐる捜査では、金丸の周旋の前提となる、渡辺が金子清の対立候補となり得る者に対して買収の挙に出たことを認める証拠もなかった。

つまり、これも立件不能だった。

特捜部の分析では、どの告発も、事件として明るい展望はなかった。とはいえ、告発を受理した以上は、捜査して処分せざるを得ない。捜査が不十分なまま不起訴処分にすると、告発者たちは検察審査会に駆け込む。

金丸事件当時は、検察審査員11人中8人が同じ事件で2度、起訴相当議決をすると、強制起訴される制度はまだなかったが、審査員の6人以上が不起訴は不当と議決すると、検察は再捜査して再度の処分をしなければならなかった。

捜査で手を抜くと、不起訴不当の議決書で「捜査不十分」と断罪される恐れがあった。そうなると、また世論がいきり立つ。それは避けたかったのである。

特捜部にとって当面の課題は、3年の時効が93年1月中旬に迫っている、金丸側から「指名不詳者六十数人」への寄付にかかわる量的制限違反の事実解明だった。

資金の配布にかかわったとされる生原から、5億円の配布先を改めて聞き出す必要があった。特捜部は5億円を指定団体に入れたとの従来の供述も含め、再度、取り調べて供述調書を作成することにした。

特捜部の「メモ」は、捜査上の問題点を縷々、書き連ねたうえで、金丸ら被告発人の処分の時期を、**「国会の動向・金丸の進退等の要素も考慮に入れ、年内を目途とする」**と記した。

同じころ、国税当局も金丸信の5億円闇献金の税務処理について頭を痛めていた。東京地検特捜部の捜査記録の中に、「極秘」の印が押された国税当局のメモがあった。検察の5億円使途解明捜査当時に、検察との打ち合わせのため作られたとみられる。この手の資料が明らかになることはめったないので、これも紹介しておく。(太字)

今回の問題について、税務上の観点から事実関係の解明を進める必要があるものと考えており、現在までのところ、概ね次のような手順を考えている。

1　金丸議員の5億円について所得が発生するかどうかの確認を行うため、その資金の流れ等について税務調査を行う。調査の順序としては、まずは部内での準備調査、検察庁での資料閲覧等を行い、その後、対外的には、時期を見ながら、本人又は代理人等と接触することを考えている。実際に先方と接触を図る際には、事前に検察庁と協議の上、行いたい。

なお、その関係議員についても、上記使途の確認等の結果を踏まえ、検討の必要がある。

その際は、検察庁の政治資金規正法違反に係る捜査の状況を踏まえつつ、検討する。
2 金丸議員等に対し資金を提供した渡辺（広康）元東京佐川急便社長等に対し、その資金の帰属、源泉及び使途を解明することを中心とした税務調査を行う必要がある。また、太田（仮名）元東京佐川急便常務等についても、これに準じた対応を考えている。その具体的手順は、検察庁での資料閲覧の結果等を踏まえ、決定していきたい。

なお、その際、拘置中の者への接触が必要となることも考えられるが、その場合には、司法当局のご協力をお願いしたいと考えている。
3 渡辺元東京佐川急便社長側にバックリベートを提供した中野（仮名）平和堂社長等についても、その資金の帰属、源泉及び使途を解明することを中心とした税務調査を行う必要があると考えている。

検察のように捜査権、公訴権を持たない国税当局に対し、政界は「遠慮」がない。税務調査を受けた企業の依頼で国税幹部に圧力をかけることは珍しくない。自身や周辺への税務調査となれば、なおさらだ。そのため、国税当局は政治家周辺への税務調査には神経を使う。ましてや今回の相手は政権与党の大立者の金丸である。一層、慎重になっている様子がうかがえる。

東京地検特捜部は、金丸信の金庫番秘書だった生原の再聴取の結果を次のようにまとめた。（注27）

生原の再取り調べは10月24日から12月17日まで9回に及んだ。

特捜部が事件のキーマンとする生原は、立件のポイントとなる「寄付の主体」について、「(東京佐川元社長の) 渡辺 (広康) から受け入れた5億円の寄付も、指定政治団体である『新国土開発研究会』に入れた上、同団体から他の議員らに配った」との従来の主張を繰り返した。「新国土開発研究会の収支報告書作成」についても、「全て代表者である自分が取り仕切っており、会計責任者は、無断で同人の使命を届け出たに過ぎない。(略) 収支報告書の作成についても、会計責任者や金丸に対し、事前事後に相談したり報告をした事実は一切なく、(略) 会計責任者名義の署名押印も、アルバイトの女性に指示して行わせた」とした。

さらに、生原は「収支報告書について訂正報告をするのが筋であると思っているが、(略) 5億円の支出先を明らかにすることができず、その点を記載しない訂正報告を行えば、新たな不記載罪を犯すことにもなりかねないので、結局、訂正できないままになっている」と供述した。

問題の「竹下派国会議員六十数人」ついて、特捜部は生原に名前を特定するよう繰り返し迫ったが、生原は「記憶に曖昧な点があるうえ、佐川問題を契機に政争が激化している現状の下においては、一度名前を挙げれば、その政治家の政治生命を奪う結果となることが目に見えているので、何としても言えない」と頑強に拒絶。

「配布した先は (略)『60名位』という表現がより正確であり、竹下派以外の国会議員も含まれている。受領主体を議員 (候補者) 本人とするか、その政治団体とするか、政治団体とした場合にどの団体にするか、当該政治資金をどのような用途に充てるか等は受領側の判断

に任せる意思であった」と供述した。

押しても引いても崩れない金庫番秘書。さしもの特捜部も、生原供述で配布先議員らを特定するのを断念せざるを得なかった。

金丸信本人の所得税課税にかかわる「政治活動の必要経費」についても、生原は**「本件5億円は、全て一旦指定政治団体である『新国土開発研究会』に入れた上、90年1月末までに竹下派所属国会議員らに全額配布し尽くし、一円たりとも金丸個人の私的な用に充てていない。（略）配布先を明らかにしない場合には、国税当局からは本件5億円について所得税の課税をされるおそれがあることは承知しているが、さりとて（略）配布先を明らかにすることはできないので、課税された場合には、争うしかないと考えている」**と述べた。

特捜部は、生原のほかに、金丸の指定団体の会計責任者や公設第2秘書、金丸秘書兼運転手、金丸の次男の甲府事務所責任者ら7人を取り調べたが、いずれの供述も生原供述に沿うものだった。

金丸本人も取り調べ

特捜部は92年11月7日、金丸本人を取り調べた。

金丸は**「渡辺（広康）から寄付された5億円は、自分から生原に引き渡して『新国土開発研究会』の政治資金として管理させ、同志への軍資金として全額を使い切った。軍資金の配布については、全て生原に任せたが、詳しい報告は受けていない。生原としては、経世会の**

所属や私の交際の範囲も考慮して配布先を選定し、金額については、当選回数、資金力といった目配りをして決めたものと思う」などと供述。こちらも使途解明には結びつかなかった。

こうした捜査の一方、特捜部は告発事件のすべてを不起訴処分にする方針に傾き、それに向けた準備作業を始めていた。金丸聴取5日前の11月2日にはそれを示す捜査メモが作成された。（注28）

メモは、**「第1段階目年内処理の理由（所得税法は2段階目とする）」**として「**時効切迫**」「**量的制限違反、金丸側収支報告不記載については、60人の特定を待たずに十分処理が可能であること**」「**本来金丸略式処理時点において金丸側余罪の成立の見通しは薄かったこと**」を挙げている。

非公式の「頭の体操」だった可能性もあるが、「60人の特定を待たずに十分処理が可能」という書きぶりは、本来、検察が行うべき真相解明、つまり、配布先議員を突き止め、カネの授受があれば、犯罪に当たるか否かを判断する捜査を放棄し、法律論で不起訴にしてしまおうとの意図だと受け取らざるを得ない。

さらに、「第2段階目先送りの理由」には、「闇献金配布先」の竹下派議員ら六十数人の取り調べを回避するための言い訳が列挙されている。

「60名について年内の処理は到底不可能（取り調べ、政治団体・選挙資金・銀行口座照会等）」

「現段階における60名の取り調べは、もともとその告発自体が政治的打算に基づくことか

ら、徒らに検察を政争の渦中に巻き込むこと
——本人ではなく、秘書のみを取り調べることは、説明つかず、単に批判を招くだけ
——60名の取り調べは、竹下派内紛の渦中において行わざるを得ず、生原供述もそうした思惑から無縁でないこと」

「現段階における60名の取り調べは、世論を刺激し、その処理に対する不当な期待をかき立てるだけ」

「60人（まま）の件は、本来刑事問題よりも、政治問題であることから、国会の手続きに委ねる方が筋であり、かつ得策であること」

「60名の件について処理を急げば、検察審査会で捜査不十分を指摘され、差戻しになることは必定であること」

「60名が特定できないので、量的制限違反等処理後捜査を継続することに大義名分も立つこと」

「この時点で60名に直接当たり、否認されることは、却って検察捜査の意思と能力に疑問を抱かせる結果となること」

被告発人である「氏名不詳の竹下派所属議員六十数人」を取り調べる話はまったくなく、取り調べるにしても「ほとぼりが冷めてから」のニュアンスがうかがえた。

ところが、特捜部は2週間後、一転して竹下議員の取り調べに乗り出すことを決める。

あたふたと同月19日から同選挙に立候補し落選した竹下派の元議員らの聴取に乗り出し、

国会閉会後には現職議員も取り調べた。

その詳細は後に述べるが、いずれも、配布先議員を特定できないままの「当てずっぽう」での捜査だった。

なぜ、検察は方針を急転させたのか。その理由について筆者は次のように推測する。

検察首脳らは「配布先とされる竹下派の議員らをまったく取り調べないまま金丸らを不起訴処分にすると、検察審査会から取り調べ見送りを根拠に『捜査不十分』と指弾される恐れがある。そうなると、また世論の批判を浴びる可能性がある。ならば、立件の可能性は限りなく低いとはいえ、やはり取り調べはせざるを得ない」と考えた――。

つまり、「不起訴にはしたが、捜査は尽くした」と国民、特に検察審査会に説明するための事実上の「アリバイ捜査」だったのではないか――ということだ。

検察当局は12月2日午後3時から、検事総長の岡村泰孝、次長検事の土肥孝治、東京高検検事長の藤永幸治、東京地検検事正の増井清彦、次席検事の高橋武生、特捜部長の五十嵐紀男、副部長の佐渡賢一らが最高検で「佐川事件会議」を開いた。

そこで、金丸らの不起訴処理の方針を正式に特捜部が報告。いずれも授受否認だった落選議員の取り調べ状況も併せて報告された。

会議メモによると、その時点で聴取対象の落選議員10人のうち5人の取り調べが終わっていた。**「いずれも金丸からの授受否定。3名につき呼び出し手配済み。2名は上申書。1名は考慮中」**となっていた。

併せて当選議員を取り調べることも正式に決めた。対象は**「初当選組8名（小沢一郎系6、非小沢系2）と当選2回目組15名（小沢系12―非小沢系3）の23名」**とし、時期は、法務省刑事局と打ち合わせることになった。**「国会閉会直後に呼び出しをかける。会期中の呼び出しは不適」**とされた。

取り調べ対象を1、2回当選の「若手」に絞ったのは、閣僚経験者に対する忖度というよりは、閣僚経験者や当選回数が多いベテラン議員は資金力があるため、選挙資金応援はしていない可能性が高いと踏んだためだろう。

最終処理の時期と一括処理するか2段階処理か、も協議され、「2段階処理」で落着した。メモは、**「一段階目は、12月20日（日）を目処に、量的制限違反と公選法違反（時効完成）を処理。量的制限違反の裁定は、『嫌疑不十分』か『嫌疑なし』。被疑者は、『氏名不詳者』とする。理由は、指定団体を通した疑いがあるとの理屈（法律論）で決め、なお書きで、被疑者の特定ができないことに触れる」**

「二段階目は、不記載、虚偽記入及び脱税について、年度内を目処に捜査を終え、処理の時期は、国会の動きを見ながら決める。脱税については、国税局ともよく連絡を取り、BS面の増減を明らかにする努力をしたことを明確にしておく必要がある」とした。

「BS」は、法人や個人の資産、負債、資本などの状況を示す会計用語だ。

「嫌疑不十分」か「嫌疑なし」は、不起訴処分の内容を表す文言。いずれにしろ、検察当局は、竹下派現職議員らの取り調べを始める前に、すでに、金丸ら被告発人全員に対する不起訴方針を決めていたことになる。

この日の会議では、11月初めに勃発した日本皇民党総裁の政治家実名調書朗読問題についての国会議員との対応も協議している。

「森喜朗関係　質問書に答える上申書を提出し、森が記者会見でそのことを発表して終わりとする。上申書の裁判所提出は望まない」

「小渕恵三関係　『検察官の法廷活動は違法でなく、小渕の名誉回復を図る法的手段がないのは残念なので地検としても、その種の立法化を希望する』との回答書を要求。『高橋（武生・東京地検）次席検事が対応する』『その余の議員については、申し入れがないので静観する』」とあった。

森については、検察側から皇民党コネクションについて質問をもらい、関係を否定する上申書を提出したうえで会見し、潔白証明する意向だったとも読める内容だ。

応援検事のための取り調べマニュアル

特捜部は現職、落選を含め多数の政治家を取り調べるため、応援検事を動員した。初めて政治家を取り調べる検事もいたため、特捜部は国会議員対する取り調べのための捜査マニュアルを作成した。

「竹下派所属国会議員取り調べメモ」（11月16日）と「〈秘〉竹下派所属現職国会議員事情聴取メモ」（92年12月10日）である。

この種の検察資料は、なかなか、お目にかかれないものだ。ここでは、より詳しい12月10日版を紹介する。ちなみに特捜部は30年後の2023年暮れから24年1月にかけ、自民党安倍派などのパーティー券をめぐる裏金事件の捜査で応援検事を動員。50人体制で多数の政治家を取り調べたとされる。そのときも同様のマニュアルが作成され、それに沿って取り調べが行われたとみられる。

マニュアルはまず、政治家の「呼び出しの方法」で、取り調べ検事らに以下の点に注意するよう告げる。（太字は、メモから引用）

(1) 事情聴取の理由

あくまでも竹下派所属議員に対する告発が出されたことを受けての事情聴取（「取り調べ」という語は刺激的に受け取られることがある。）であること

報道では参考人調べを「事情聴取」、被疑者調べを「取り調べ」と呼ぶことが多い。捜査対象の議員らは参考人であり任意での調べとなる。特捜部はこの時点でまだ、金丸側から90年総選挙で陣中見舞いをもらった議員を特定しておらず、調べはいわば、当てずっぽうだ。それゆえ聴取に当たっては、相手の感情を害さず、うまく供述を引き出す気配りが必要と考えていることがわかる。

(2) 事情聴取対象者の選別

当方から進んで説明すべき事柄ではないが、かりに先方から尋ねられた場合には、基本的には、竹下派からの立候補者全員の事情聴取を行う予定であることを説明する。

本当は、閣僚経験者の現職やベテラン議員は対象から外していた。しかし、そういってしまうと、聴取を受ける議員から文句が出る恐れがある。だから、こういわざるを得ないということだ。

(3) 事情聴取の日時

事情聴取の日時は、基本的に先方の希望を優先させることとし、かりに検察官の側において日程のやりくりがつかない場合には、他の検察官の応援を得る方法により対処する。

(4) 事情聴取の場所等

首都圏の検察施設における事情聴取を原則とするが、希望により、検察官の出張やホテル等の利用も考慮すること

(5) 平成2年所得税確定申告書等の写しの持参の要請

告発の関係で、確定申告書及び関係政治団体の収支報告書の写しを持参されたいこと

ここまでは普通の手続き。問題は、任意聴取ゆえに拒否する議員も出る可能性があることだ。そのとき、どう説得するか——だった。

マニュアルは、以下のように記している。

(6) 呼び出しに難色を示した場合

捜査手続において検察官に対して自らの主張弁解を明らかにしないことは、これが捜査記録にとどめられること（かりに不起訴となった場合においても、検察審査会の審査を受け、対外的に公表されるその議決書中で言及される可能性があること）等を告げ、事情聴取に応

じるよう説得する。

検察は公益の代表として刑事手続きを行う。本来、公益のために働く政治家が検察に協力しないのはおかしい、という考え方がこの記述のベースにはあるようだ。ただ、政治家も一市民。自分を守る権利はある。

捜査に非協力だと検察審査会でそれがばれ、広く国民に知られてしまいますよ。それは、政治家としてまずいのでは、とのニュアンスが感じられる。「ソフトな脅し」と受け取る向きがあるかもしれない。

(7) 記録作成

電話による呼び出し等議員側との接触状況は、日時・対応者・接触内容等の詳細を記録し、議員ごとに捜査報告書を作成すること

(8) 秘密の厳守

事情聴取の有無はもとより、検察庁からの接触についても、一切他言しないことにつき念を押す。

これは「捜査密行」を旨とする検察の決まり文句だ。

次いで「政治家本人からの事情聴取」の際の要領。

調書作成を原則とし(特に金丸側からの資金受領を認めた場合には、調書作成要)、調書の形式は、告発の関係で、被疑者調書とする。

しかし、先方がこれに応じない場合には、調書に代わる捜査報告書(取り調べ報告書)作

成にとどめることもやむを得ないものとする。

ただ、相手は忙しい政治家。一筋縄ではいかない。何らかの事情で政治家本人の事情聴取ができない場合にどうするか。マニュアルは以下のように記述する。

日程調整がつかない場合等12月20日（第一次処分の捜査終了予定期日）までに本人から直接事情聴取できない場合には、

（1）電話による本人の事情聴取

取り敢えず本人から電話で金丸側からの資金受け入れの有無等について聴取し、これを捜査報告書にする。但し、かりに金丸側からの資金の受け入れを認める供述をした場合には、平成5年（翌1993年）に入った後であっても、供述調書を作成する必要がある。

本人が上申書の提出を希望する場合にこれを拒む理由はないが、その場合においても、時間的制約にかんがみ、電話により上記の点の確認・報告書化を行っておくべきである。

（2）実質的経理担当者からの事情聴取

その上で、政治団体の実質的経理担当者（いわゆる金庫番）を呼び出し、前記1（5）の書類（確定申告書など）を提出させる一方、前記（1）（告発を受けての聴取）記載以外の事項について事情を聴取し、調書又は捜査報告書（取り調べ報告書）を作成する。

そして、東京地検特捜部が応援検事たちのために作成したマニュアルはいよいよ「事情聴取の内容」、つまり、尋問の要点に触れる。重要ポイントには下線が引かれた。

1　前提事項

政治家としての簡単な経歴
自民党公認の有無、経世会（竹下派）所属事実
平成2年（1990年）2月18日総選挙出馬及びその当落
2　政治資金の管理
政治団体（うち指定団体）。特に指定団体について、その代表者、会計責任者、実際の経理担当者（例えば、秘書）
——指定団体の平成2年収支報告書及び保有金報告書参照
寄付の受け入れ及び経費の支出方法一般——例えば、政治資金は、個人の私的資金と区別するため、基本的に指定団体に集中管理させ、具体的には、その実際の経理担当者である秘書に取り扱わせていたこと
3　選挙運動費用の管理
選挙体制、出納責任者、実際の経理担当者
寄付の受け入れ及び経費の支出方法一般
——選挙運動費用収支報告書参照
ここまでは、前置き。次の質問からが肝心なところだ。
4　金丸側からの資金受け入れ（AないしDは、本人から直接の事情聴取ができない場合、電話で本人から聴取すべき事項。但し、Aの答えが「否」であれば、BないしDの問いは前提を欠くことになる。）

A　総選挙直前における金丸側からの資金受け入れの有無、ありとすれば、時期、場所、相手方、その際の会話、金の趣旨

B　資金の出所の認識――金丸個人か、その政治団体か、あるいは経世会か。誤解を招かないよう表現に注意を要する。

○　日経新聞平成2年1月25日記事の写しを示して（添付は不要）、これに対する説明を問答の形で求める。

同記事によれば――。

①自民党：公認料一律500万円。活動費として閣僚未経験者2000万円、閣僚経験者1000万円

②経世会：閣僚未経験者に対して1000万円

③竹下・金丸：別途上積み

検察が捜査の参考にしたのは90年1月25日付日経朝刊2面に掲載された「第1次公認に約56億円支給、自民が大盤振る舞い」との見出しの短行の記事。自民党が前日の1月24日、衆院選の第1次公認候補者に公認料と政治活動費を支給したことを伝えた。

記事によると、政治活動費は116人の閣僚経験者が1000万円、154人の閣僚未経験者が2000万円で総額は55億9000万円。公認料は前回総選挙と同額に据え置かれたが、前回は閣僚未経験者と新人のみに1000万円ずつ配った活動費を大幅に上積みしたという。

記事は、これとは別に、「中曽根派は閣僚経験者にも500万円を支給。宮沢派も当選1—3回生に1000万円、同4—5回生に500万円を手渡し」たとし、さらに「竹下派も閣僚未経験者に一律1000万円を配ったほか竹下元首相、金丸元副総理が別途、上積みした」と報じた。

特捜部は、この「閣僚未経験者への一律1000万円に別途、金丸が上積みした分」の中に5億円が入っていた可能性もあると見立てたとみられる。

聴取対象の37人全員が金の授受を否定

マニュアルは、素人にはわかりにくい故意や資金の帰属の認識が犯罪成立に深くかかわる領域の話に踏み込む。

C　資金の受け入れの主体——個人か、政治団体か、どの政治団体か。政治団体であるとすれば、誰にその金を渡したのか。例えば、指定団体の経理を実際上担当していた秘書に渡したこと

D　資金の使途——具体的に把握しているか、秘書に任せたのか

なお、使途によって留意すべき点は、次のとおり

①個人の政治資金として使った——例えば、公示前の後援会活動の費用等？

②政治団体の政治資金として使った——例えば、公示前の政治団体主催の演説会の費用、政治団体の会員集めの費用等

③選挙運動費用（立候補準備行為を含む。）に使った――この場合は、本人に、出納責任者に対する「明細書」提出義務違反（公選法186条、246条、禁錮3年以下又は罰金20万円以下）の問題を生じる。

④個人の私的用途に使った――所得税法違反の問題を生じる。なお平成2年の確定申告書の写し参照

政治家個人が資金の授受を認めれば、いろいろな違反に問われる可能性があることがわかる。政治団体で受け入れて不記載だった場合、違反の主体は政治団体の会計責任者になるが、その立件には、「知情」、つまり故意の認識があることが必要だ。さらに政治家については会計責任者との共謀の立証ができない限り、起訴はできない。

○資金の記帳、報告関係――政治団体収支報告書、保有金報告書、選挙運動費用収支報告書、確定申告書に記載がないことを前提に

※本人が受けた場合に留意すべき点は、次のとおり

①その後全額指定団体に入れた場合――指定政治団体の報告義務（後述）

②個人で選挙費用に充てた場合――出納責任者に対する明細書提出義務違反（前述）

③個人の政治資金として使用又は留保――保有金収支報告書作成義務（罰則なし）

④個人の私的用途に充てた場合――記帳・報告の問題なし、但し脱税（前述）

※政治団体で受けた場合（本人から指定団体に寄付された場合を含む）に留意すべき点は、次のとおり。

○政治団体の報告義務――収支報告書には、その金の受け入れや支出の事実が全く記載されていなかった旨不記載の点を明らかにする。その上で、会計責任者の知情の有無について、供述させる。

各検事には参考資料として、竹下派総選挙立候補者名簿、同立候補者指定団体一覧表などのほか、金丸と金庫番秘書の生原の調書のコピーが渡された。

生原調書は「金丸が渡辺広康から90年1月中旬ごろ5億円を受け取り、政治団体に入れた上、自分が金丸の指示で2月18日施行の総選挙の資金支援で派閥の所属議員ら六十数人に500万円から2000万円を配り尽くした」となっていた。

金丸の5億円闇献金の使途解明捜査で東京地検特捜部が取り調べ対象にしたのは、90年2月18日の総選挙に竹下派から立候補した85人のうちの37人だった。

主任検事の大野恒太郎が作成した捜査報告書（1992年12月22日）は37人に絞った理由を概略、以下のように記す。

金丸とその金庫番秘書である生原が当選回数や金丸との親密さ、選挙区情勢を考慮して5億円の配布先や金額を決めたと供述していたこと、閣僚経験の有無で取り扱いが異なるとの報道もあったことなどから、閣僚経験者は配布を受けなかった可能性が強いとして原則、除外。

現職議員については、量的制限違反の罪の公訴時効との関係で捜査に時間的制約があったことも考慮した結果、閣僚経験のない議員のうち90年総選挙で当選した新人8人と当選2回目の15人、落選しながら参院選に鞍替えし当選した1人、別の名誉毀損事件で告訴中だった元運輸相、金丸側からの寄付を認めたと報道された科学技術庁長官と元法相の計27人に絞り込んだ。

また、15人いた落選者については、閣僚経験者4人と参院選に鞍替え当選した1人を除く10人を聴取対象にしたという。

報告書によると、特捜部は92年11月19日から12月11日の間に落選した元議員らを、臨時国会閉会後の12月12日から同21日までの間に現職の国会議員を聴取した。

特捜部が作成した「経世会所属国会議員ら取り調べ結果等一覧表」（92年12月22日）によると、取り調べに応じ供述調書にサインしたとされるのは1、2回当選の現職議員（当時）23人と落選組の7人の計30人。

落選した2人については出頭を拒否したため電話での聴取で終わり、現職の1人は、取り調べの日程が調整できないとして聴取を見送った—としている。

一覧表に名のある37人のうち、藤井裕久（神奈川3区・初当選）、杉山憲夫（静岡2区、当選2回目）ら21人はすでに亡くなり、存命が確認できたのは2024年3月時点で16人。現職議員は立憲民主党幹事長の岡田克也（三重1区・初当選）ただ1人。元首相の鳩山由紀夫（北海道4区・当選2回目）ら15人は政界を引退して久しい。

供述調書は作成せず捜査報告書で済ませたのは、元運輸相の奥田敬和（石川1区・当選8回目）。佐川グループ企業から資金提供を受けたとする毎日新聞の報道が名誉毀損に当たるとして同社編集幹部を告訴していた奥田について特捜部はその事件での聴取に併せ、金丸闇献金の関係でも事情を聴いた、としている。

当時現職の科学技術庁長官だった中島衛（長野3区・当選5回目）と元法相の田原隆（大分2区・当選5回目）、それに落選した1人は上申書で供述調書に換えたことになっている。田原は、特捜部が現職議員の取り調べを始める直前の12月12日まで検察を指揮する立場の法相だった。閣僚経験者ではあるが、取り調べを受ける議員らの手前もあってあえて捜査対象にしたとみられる。

特捜部は、金丸の金庫番秘書の生原の供述などから、金丸が東京佐川元社長の渡辺広康からの5億円闇献金を竹下派所属議員らに配布したのは、金丸が渡辺から現金を受け取った1990年の1月中旬から総選挙投票前の2月中旬ころまでの間と見立てていたとみられる。

ところが、「経世会所属国会議員ら取り調べ結果等一覧表」の「供述要旨等」によると、37人全員が口をそろえてそのころの金の授受を否定した。

「平成2年（90年）1、2月ころには、金丸の側からも経世会からも資金を受け取っていない。自民党からの組織活動費2000万円は、うち1500万円を選挙運動費用に充て、残りは指定団体に入れたのではないかと思う。自分の政治資金として使った」（鳩山由紀夫）

「2年1、2月ころには、金丸の側からも経世会からも資金を受け取っていない。自民党からの組織活動費2000万円は、全額個人の政治資金として使った」（藤井裕久）

「2年1、2月ころには、金丸の側からも経世会からも資金を受け取っていない。自分は、1月29日の第2次公認。金丸事務所を最初に訪ねたのは、総選挙後のこと。自民党からの組織活動費2000万円は、自己の政治資金として使った」（岡田克也）

「平成2年（90年）1、2月ころに金丸の側からも経世会からも資金を受け取っていない」の表現は37人全員がほぼ同じだった。

その中で、当選8回の実力者、奥田敬和は取り調べ報告書でやはり、「2年1、2月ころには、金丸の側からも経世会からも資金を受け取っていない」としつつ、「しかし、これは自分が当選を重ねているからであって、若手の議員等は総選挙に際して当然経世会あるいは金丸から資金援助を得ているものと思う」と語っていた。

奥田供述が事実なら、金丸側から若手、つまり、初当選、2回目当選組への資金提供があったこと自体は間違いないと思われる。

90年1月中旬から2月の総選挙までの間に金の授受があったとする検察の見立てが正しいとすれば、政治家側全員が嘘をついていることになる。

ただ、筆者の取材経験から言うと、たとえ、海千山千の政治家とはいえ、もし事実があれば、検事の尋問に対して簡単に嘘をつけるものではない。しかも、三十数人も取り調べたのだ。何人かは真相を語ったのではないか、と思う。

逆に、政治家側の「供述」が正しいとすれば、検察は金丸側から竹下派所属議員への金の授受の時期について見立てを誤ったことになる。

どうせ不起訴事件、早く幕を、の思惑？

第4章で紹介した5億円闇献金受領の時期について、金丸秘書の生原が特捜部が作成した自らの供述調書の内容を否定したことを思い出してほしい。生原は竹下派の所属議員らへの金の配布についても次のように証言した。（注29）

派閥の議員もかなり聴取された。1人20分くらいずつだったようだ。議員を調べても90年1、2月にもらっていない、というのは当然。検察の筋が違う。

渡辺さんがカネを持ってきたのは、89年の9月か10月という記憶だ。当時は、総選挙が前倒しになるという話もあって、右から左にカネが動いていた。

選挙で使う実弾は、選挙期間に入る前に使う。総選挙が近づいた頃にまず1次金。暮れに2次金、直前に3次金。あの5億円が選挙の陣中見舞いに使われたのは間違いないが、正直なところ、どういう順番で消えていったかは覚えていない。

この生原証言が事実なら、検察が「90年1月中旬に渡辺から受け取り、2月の総選挙までに陣中見舞いで竹下派所属議員らに配った」と見立てた5億円を金丸側は89年中に、配り終えていた可能性が高いことになる。

特捜部の聴取を受けた竹下派議員らが全員が「90年1、2月の授受」を否定したというのも腑に落ちる。

仮に、1月16日に、5億円が来たって60人もの候補者に配れるものじゃない。検事は衆院解散の前に配ったと思っていたが、解散間際にはみんな選挙区に帰っているから、カネなん

か渡せるものじゃない。

そもそも、90年2月の総選挙は、前倒しになって、もしかしたら年明け選挙か、その前の11月かもしれない、という観測が前年の秋に流れた。

その時点でカネは動く。あの時は、1次、2次、3次と3回カネを配ったと思う。1次がそういう観測が流れた時。2次が歳暮の餅代。3次が選挙直前だ。渡辺さんが持ってきた5億円はおそらく1次で配った。

「3次に分けて資金を配った」という説明は、選挙資金の分配に直接かかわった者にしかできない。説得力がある。

バブル経済で巷にはカネがあふれた。その影響もあり、選挙で動く金額は大きくなり、政治家側の緊張感もなくなっていた。

選挙のカネは、派閥幹部が何千万円ずつうちの事務所に持ってくることもあるし、逆に、こちらから砂防会館の派閥事務所に持って行くときもある。金丸事務所は、大きなカネがどんどん入ってきてどんどん出て行っていた。5億円もそういうふうにして消費された。カネがぐるぐる回っているとは検事にいえなかった。

あの5億円は、親父が断ったのに渡辺さんが持ってきた。こちらとしては、悪いことをしたつもりがない。だから、厳密に事実を詰める必要はなかろう、適当に調子を合わせておけばいい、という気持ちだった。

特捜部長だった五十嵐は、これらの生原証言について、「裏も取れない話。我々の認定事実がその時の証拠関係に基づく真実・真相であると確信して処分に踏み切った」と一蹴するが、取り調べを受けたとされる議員らの供述が「2年1、2月ころには受け取っていない」でぴたりとそろっているのは、何とも気持ちが悪い。

捜査記録には、議員らが授受の時期について検察の見立てを全否認したのに、改めて生原らを聴取した形跡もなかった。検事たちに真相に肉薄しようという熱が感じられない。

当時は金丸事件捜査に対する世論の批判を受け検察上層部には厭戦気分が広がっていた。どうせ、不起訴事件。政治家も真相を語るはずがない。そう高をくくり、アリバイ的に議員らを調べて早く幕を引こう。そういう安易な姿勢が現場の検事にも伝染していたことはなかったのか——。

今年3月、鳩山の取り調べを担当した元特捜部長の弁護士、井内顕策は筆者に当時の捜査状況をこう振り返った。

「当時は財政担当のヒラ検事。応援で調べた。政治家を調べるのは初めてだった。闇献金捜査にはタッチしておらず、基本情報は知らないまま調べた。何があったのか聴いてみろ、ということだった。供述の中身はよく覚えていない」

東京地検特捜部が作成した「経世会所属国会議員ら取り調べ結果等一覧表」の「供述要旨等」を見てさらに驚いたことがあった。聴取を受けたとされる37人中23人、つまり6割以上の議員らが「指定団体（政治団体）の会計責任者は名目だけで経理に関与せず」と認めていたのだ。のちに政治改革のリーダーとなった元民主党幹部の藤井裕久や立憲民主党幹事長の岡田克也らも実にあっけらかんと、そう供述したことになっていた。

政治資金規正法は、議員の政治団体の収支を収支報告書に記載し自治省や都道府県に報告する義務を会計責任者に負わせ、不記載や虚偽記載があれば、5年以下の禁錮又は100万円以下の罰金に問うと規定している。

「名目だけの会計責任者」は、政治資金規正法の趣旨をないがしろにするものだ。ただ、同法に詳しい元検察幹部によると、それ自体を罪に問うことはできないという。

先にも記述したように、会計責任者にその罪を問うためには、当人が、そういうルールがあることを認識しながらそれを破ったとする認識、つまり「故意」が必要だ。名前だけの会計責任者に対してはそもそも「故意」を認定することが難しい。

もちろん、実際に収支報告書への虚偽の記載や自治省などへ虚偽の報告書を提出した事実があれば、実行行為者を突き止めてその人物の「故意」を認定し、名目上の会計責任者との共謀を立証できれば虚偽記載事件の摘発はできる。

ただ、実際の政治資金処理は複雑で、会計責任者や経理実務者以外の者が実質的に金を管理していることもままあるとされる。そうなると共謀立証はより難しくなり、政治家立件には実行行為者の秘書らとの共謀立証というさらに高くて厚い壁がある。

会計責任者が名目だけだと認めた議員の多くは政治資金規正法に暗いだけで、法律の裏をかくような悪意はなかったのかもしれない。しかし、政治資金の透明性、有権者に対する説明責任という点で、当時でもそれは許されないことだ。

特捜部が聴取をもとに作成したとみられる「供述要旨等」について連絡のついた現職・引退議員に事実確認とコメントを求めた。とりあえず、聴取の事実を認めた議員らの回答を記しておく。

「(『関係者の証言や資料によると』を根拠とした最初の質問に対し)日時・内容について記憶は定かではありませんが、92年ごろに当局の聴取を受けたことは事実です。『要旨』が事実に基づくとの具体的な証拠は何も提示されておらず、質問にお答えする必要はないと思います」「(資料を明示した追加質問に対し)30年以上前のことでもあり正確な記憶がない」(立憲民主党幹事長、岡田克也)

「当時、聴取を受け供述したことは記憶にありますが、30年以上前のことであり、資料等も手元にありませんので、担当検事の質問内容を含め、詳細は覚えていません」(元首相、鳩山由紀夫)

東京地検特捜部は1992年12月22日、金丸と元秘書の生原から旧竹下派の現職代議士ら氏名不詳の六十数人に5億円闇献金が配られたとして政治資金規正法の量的制限違反(金丸側は超過寄付、配布を受けた側は超過受領)で告発があった事件について、金丸側、議員側とも全員、不起訴処分とした。

翌12月23日の朝日新聞は「この捜査に関連して、旧竹下派の現職代議士約20人、落選候補約10人から事情聴取を進めたが、いずれも金丸氏個人からの献金受領を否定したとされる」

と伝えた。特捜部は、金丸と旧竹下派議員ら六十数人に対する所得税法違反（脱税）や政治資金収支報告不記載容疑の告発については捜査を継続。翌93年3月までに改めて処分する方針を示したが、金丸が89年6月の新潟県知事選で保守系候補の一本化工作に関与し金銭を受け取った疑いがあるとして公職選挙法違反で告発された件については時効が完成しているとして立件しなかった。

市民団体など告発側はこの金丸らに対する不起訴処分を不服として検察審査会に審査を申し立てた。

東京第一検察審査会は異例のスピード審査でわずか20日後の翌93年1月上旬、金丸と旧竹下派代議士ら六十数人を不起訴とした検察の処分は「捜査が厳正、十分に尽くされたとはいえず不当」と議決。特捜部は、捜査のやり直しを求められた。

93年1月14日の朝日新聞朝刊によると、審査会は、5億円献金が行われた90年分の新国土開発研究会の収支報告書に5億円に関する記述がない点を指摘。「5億円が指定政治団体に入った証拠がないことからすれば、5億円は金丸個人の裏金として、他の候補者に分配されたものと解される」と認定した。

一方で、「90年の総選挙前、当時の竹下派の代議士ら60数人の立候補予定者に分配した」とする生原の供述は具体的で信用性があるのに、旧竹下派の代議士らの特捜部に対する供述は、みな形式的で、その内容には相当問題があると判断。「捜査が厳正かつ十分に尽くされたとは言えず、不起訴の裁定は不当」と結論づけていた。

特捜部は、この検審の不起訴不当議決を受けて再捜査。半月後の93年1月29日、金丸、元秘書の生原と氏名不詳の旧竹下派代議士ら60数人らの政治資金規正法の量的制限違反容疑について改めて嫌疑不十分を理由に不起訴処分とした。

検察審査会が「金丸の政治団体の収支報告書に5億円の記載がなく、金丸個人からの献金だった疑いがある」とした点について「記載がないのは裏金として処理されたことを示すだけで、それだけでは個人からの献金とは言えない」と判断した。

この2回目の不起訴裁定書への検察官の署名をめぐってハプニングが起きた。

不起訴裁定書の署名は、事件を担当する幹部検事が行う。金丸5億円の使途をめぐる告発事件の特捜部の担当副部長は佐渡賢一で、金丸らに対する最初の不起訴処分の裁定書は佐渡が署名した。

検察では検察審査会の「不起訴不当」議決を受けて再捜査する事件を「検審バック」と呼ぶ。その「検審バック」の再捜査は、本来、不起訴判断をした検事たちとは別の検事が行うのが建前だが、実際には、事件の内容を熟知した検事たちが再捜査も行うことが多かった。

しかし、少なくとも、再度、不起訴処分にする際の裁定書については、佐渡とは別の幹部検事が署名する必要があった。これは検察部内では普通に行われていることだった。

特捜部長の五十嵐は、再捜査後に不起訴処分となった場合の裁定書への署名を佐渡と同期の財政班担当副部長に頼んだ。ところが、同副部長はこれを拒否したのだ。

五十嵐によると、財政班担当副部長は「4月に法務省刑事局刑事課長になることになっている。刑事課長は国会の法務委員会で答弁する役回り。この5億円配布事件について質問が出ると、捜査した当事者が答弁することになる。それはまずいので」と署名拒絶の理由を説明したという。

副部長は東大在学中に司法試験に合格。東大紛争で学内が混乱した69年に大学を中退して司法修習生となり71年に検事に任官した。任官時期と年齢が人事を左右する検察にあって、若くして司法試験に合格した副部長は将来の検事総長の呼び声が高かった。

副部長の話は一見、合理的に聞こえるが、五十嵐は筋が通らないと受け止めた。検事は与えられたポストで仕事をするのが当然。仮に、4月から刑事課長になるにしても、特捜部副部長でいる間は与えられた職務をこなすべきだと考えたのだ。

法務委員会で5億円配布事件にかかわる質問があれば、その答弁についてだけ法務省で「ピンチヒッター」を立てれば済むのではないか——。

副部長本人の話で初めて刑事課長への異動の話を知った五十嵐は次席検事の高橋武生ら上司にもかけあったが、埒があかなかった。結局、佐渡や財政担当副部長の1期下のもうひとりの特捜部副部長の熊崎勝彦が代わって不起訴裁定書にサインすることになった。

第7章

金丸脱税摘発で検察復活

青天の霹靂—政界のドン逮捕

そのニュースを知って血の気が引いた。記者生活で初めての経験だった。

1993年3月6日夜、東京地検特捜部が金丸信と金庫番の秘書の生原正久を脱税容疑で電撃逮捕したのだ。日本中に衝撃が走った。

金丸は前年の92年8月、東京佐川急便からの5億円闇献金が発覚し、自民党最大派閥の竹下派会長を辞任。さらに政治資金規正法違反で略式起訴され衆院議員も辞職したが、政権与党の大御所として政界に隠然たる力を持っていた。

「青天の霹靂」とは、こういうことを言うのだろう。社会部の腕利き記者が起用される検察担当記者の多くは「金丸逮捕」の匂いもかいでいなかった。当時、最も検察に食い込んでいたといわれた朝日新聞では、司法記者クラブ加盟の記者全員とその家族がその日夕方から元麻布のフレンチレストランで食事会を開いていた。キャップの松本正に異動の内示があったのを機に、前年から続いてきた記者たちの奮闘をねぎらう会だった。

そこに本社の幹部から「警視庁が金丸（に対する捜査）で動いているという話がある」と一報が入った。続いて社会部から「午後8時50分から（東京地検で）次席検事の発表がある」。検察で土曜の夜の会見は異例だ。大事件か深刻な不祥事の発表に違いない。記者たちは血相を変えて飛び出した。

特捜部が発表した被疑事実の概要は、金丸は生原と共謀し、雑所得となるべき収入を除外して簿外資産を蓄積するなどの方法により所得を秘匿した上、虚偽過少の所得税確定申告書を税務署に提出し87年分と89年分の所得税数億円を免れた、というものだった。隠匿した収入の大半はゼネコンなどからの闇献金だった。それを割引金融債に換えて蓄財したと特捜部は判断した。その後、金丸は87〜89年に約18億4000万円の所得を隠し約10億4000万円を脱税したとして、生原は87〜91年に約6億1000万円の所得を隠し約3億円を脱税したとしてそれぞれ起訴された。

金丸は起訴事実を否認し無罪を主張したが、公判中の96年3月28日に死去。公訴棄却となった。生原はその翌日、脱税額を3500万円減額した執行猶予付きの有罪判決の言い渡しを受け、確定した。判決は生原と金丸との共謀を認め、事実上、金丸の有罪も認定した。

特捜部は前年の92年9月、金丸に対する東京佐川急便からの5億円の闇献金について、金丸の取り調べをせず容疑を認める上申書の提出を受けて20万円の罰金処分としたことで、世論の大逆風にさらされた。

1億円もらったとして同時に処分した新潟県知事の金子清は正式起訴したことで、「不公平」「弱きをくじき、強きに屈するのか」との抗議が殺到。庁舎の銘板に黄色のペンキをぶっかけられた。金丸逮捕はその「雪辱」と受け止められた。逮捕翌日の7日各紙朝刊は、「検察、見せた意地」（読売）、「検察、威信を回復」（毎日）の見出しが並んだ。特捜部長の五十嵐紀男と検察は面目を施した。

ときの首相宮沢喜一は91年秋の自民党総裁選の際、最大派閥の竹下派会長の金丸が「宮沢支持」を決めたことで政権の座に就けた。宮沢はその恩に報いるべく金丸を自民党副総裁に起用。党や国会運営で金丸に頼ることが多かった。

しかし、前年の金丸の5億円闇献金発覚で、88～89年のリクルート事件から続く政治とカネの問題が再びクローズアップ。国民の政治不信が高まっていた。93年1月22日召集の通常国会で所信表明演説に立った宮沢は「政治改革がすべての改革の出発点」と強調。その矢先の事件摘発だった。

金丸逮捕について宮沢は6日夜、「誠に遺憾である。検察・国税当局は法律に従って、厳正に対処するものと信頼している」との談話を発表。宮沢が東京地検の強制捜査の動きを知ったタイミングについては、「6日に衆院本会議で予算案が可決された直後。恒例の各党へのあいさつ回りから国会内の首相室に帰って秘書官から耳打ちされたとき」と報道された。

最も衝撃を受けたのは金丸の「古巣」の旧竹下派の面々だった。朝日新聞7日朝刊「時時刻刻」によると、旧竹下派会長の小渕恵三は報道陣の取材に対し、「ただただ驚いている。政局への影響については考えも及ばない」とコメント。元首相の竹下登は「コメントを控えたい」と沈黙を守り、旧竹下派を割って羽田派を立ち上げた小沢一郎は夜9時過ぎに帰宅後、ニュースを伝えるテレビに見入った、という。

逮捕前夜、検察幹部の官邸幹部への耳打ち

五十嵐は、国税当局が密かに持ち込んだ金丸の蓄財情報をもとに極秘で脱税容疑を固め、「死んだふり」をしていた。強制捜査前の情報が漏れると証拠が隠滅され、事件がつぶれる

恐れがあったからだ。逮捕前夜、夜回りにきた各社の記者には一杯ふるまい、最近、帰りが遅くなった理由を聞く記者には「もう任期満了。引き継ぎ整理」とけむに巻いてテレビゲームに興じた。記者たちはころりと騙された。

恥を忍んで告白すると、金丸逮捕当時、朝日新聞社会部の遊軍記者だった筆者も、検察に出し抜かれた記者のひとりだった。逮捕前日の5日夜、正確にいうと6日未明まで、脱税捜査の内容や着手日程について五十嵐と情報を共有していた最高検検事の石川達紘と会食していたにもかかわらず、逮捕情報をキャッチできなかったのである。

その日は、宮沢の首相秘書官として大蔵省から官邸に出向中のキャリア官僚の中島義雄と部下の大蔵キャリア、石川、筆者の4人で夕方から西麻布のしゃぶしゃぶ店で会食した。

第5章で紹介したが、前年11月の「政治家の実名調書朗読事件」の際、中島は石川のアドバイスを受け政権の窮地を切り抜けたことがあった。会食は石川へのそのお礼を兼ねたもので、石川を中島に紹介した筆者も呼ばれた。

食事後、六本木交差点から坂をくだったビルの2階にあった石川行きつけのスナックに向かった。あいにく満席で隣のカラオケスナックに入った。大蔵キャリアと筆者がマイクにかじりついていると、奥のソファで石川が中島に何か耳打ちしているのが見えた。石川の目は真剣だった。「何かある」と直感した。6日午前0時過ぎ、中島らと別れると、石川は「もう一軒つきあえ」と筆者を狸穴坂のスナックに誘った。検事のたまり場のひとつだった。深夜。さすがに客はいないだろう。取材のチャンス――と思った。

ところが、居てはいけない先客がいた。東京高検次席検事の北島敬介（後に検事総長）である。北島も特捜部を指揮するラインの一人だ。石川と一緒のところをばっちり見られてしまった。もう取材にはならない。何か聞けても記事は書けない。情報源がばれてしまうためだ。ママさんの十八番の「車屋さん」だったか、「島田のブンブン」だったかを3人で聴いてお開きに。

6日は、岡山市内で開かれる旧知の若手検事、山下貴司の結婚式に出席する予定だった。山下はその後、在米日本大使館の一等書記官や特捜検事を経て政界に転身。法相を務めた。石川も山下を司法修習生時代から知っていた。別れ際、石川に山下の結婚式に出ることを告げ、「何もないですよね」と聞いた。

一瞬、間があった。

「ない」

二日酔いのまま朝いちの新幹線に乗った。結婚披露宴が終わるとその足で瀬戸内海を渡り、しばらく帰省していなかった四国・徳島の実家に顔を出した。金丸逮捕のニュースはJR高徳線板野駅から実家に向かう車のラジオで聞いた。

「やられた」

まだ携帯電話はなかった。実家から石川宅に電話した。すでに帰宅していた石川は、照れくさそうな声で「悪かったね。さすがに言えなかった」と話した。続いて五十嵐にも電話し、発表内容を確認した。五十嵐は特捜部長室であれこれ現場の検事らに指揮を飛ばしながら対応してくれたが、その声はかつてないほど高揚していた。

石川が中島に何を耳打ちしたか、が気になった。数後日、中島に耳打ちされた内容を尋ねると、「『明日、動きがありますから、東京にいてください』だけだったですね」。

返す刀で石川にも確認した。

「大事件だからね。（中島は）政府の要人だから、動きだけは伝えておいた」

ただ、金丸脱税の告発にかかわった国税庁幹部によると、中島は逮捕当日の６日朝、つまり石川から耳打ちされた約10時間あとに「金丸さんで何かあるのか」と探りを入れていた。

国税当局も検察同様、厳しい情報管制を敷いていた。特捜部は６日朝から金丸の金庫番だった生原の取り調べを始めていた。金丸の呼び出しは午後の予定だった。国税庁幹部にとって中島は大蔵省の先輩であり、首相秘書官でもある。無下にはできない。しかし、情報が金丸側に漏れると口裏合わせをされ捜査に支障をきたす恐れがある。

「適当にごまかしたが、すでに情報が漏れ、金丸側に伝わっているのではないかとひやりとした」（国税庁幹部）。しかし、テレビの昼のニュース、新聞の夕刊も前打ちはなく、政権や与党からの「介入」もなかった。

金丸逮捕前夜の出来事について22年暮れ、改めて石川に確認した。石川の記憶は、筆者と少し違った。前夜、中島、筆者と会い、その場でこっそり中島に「動き」を伝えたところまでは同じだが、場所は「中野坂上のバー」だったという。

中野坂上には確かに石川の行きつけの店があった。そのバーでタイミングをみて片隅に中島を誘い、そこで耳打ちしたというのだ。「捕物を控えているのだから、午前様ではなく、もっと早い時間に帰宅したのではなかったか」とも。

中島にも確認した。「(金丸逮捕）前夜の記憶は薄れたが、石川さんと中野坂上の店に行ったことはない。石川さんとは数回会食したが、いずれもあなた（筆者）が同席していた」

念のため、押し入れの奥にしまい込んでいた1993年のスケジュール手帳で3月5日の予定を確認すると、中島、石川と大蔵キャリアの3人の名と「午後7時、六本木のしゃぶしゃぶ店」と書き込んでいた。

六本木には石川なじみの店がある。わざわざ中野坂上まで行く理由はなかろう。

「30年経つと、それぞれ記憶が違っちゃうものなんだね」と石川は苦笑いした。

いずれにしろ、石川と中島、2人の証言は、官邸の幹部である中島が金丸逮捕前、すでに特捜部が金丸を脱税容疑で捜査していることを知っていた可能性を示していた。

盟友・国税のアシスト

検察が金丸脱税事件を摘発できたのは、国税当局の力に負うところが大きかった。脱税立件につながる簿外蓄財の証拠を独自に入手し、検察に提供したのだ。

国税当局は、前年の92年秋、金丸の5億円闇献金事件を20万円の罰金処分にした検察が「強い者に弱い」と世論の袋叩きに遭うのを目の当たりにし、焦った。国税当局も税務調査で検察と同様、5億円の税務調査に取り組んでいた。国民の関心は国税当局にも向かう。安易な調査で大物議員に有利な処理をした、と世論に受け止められたら、同じ目に遭う──と危惧したのだ。

金丸の税務調査を徹底するため国税庁調査査察部長の野村興児は、東京国税局に金丸についてどういう資料があるか報告を求めた。

査察部に「(金丸が)日債銀本店で昭和62年(1987年)時点で10億円を超す割引金融債を取得している」との記録があった。無記名の割引金融債は資産隠しの手段としても使われることがあった。かつて大阪国税局査察部長時代にその手口を知った野村は、査察部にその資産が現在どうなっているかを確認するよう指示した。

年が明けた1月14日、国税庁の指示で東京国税局査察部(マルサ)の係官が、金丸側が割引金融債を購入していた日本債券信用銀行を調査。金丸の不正蓄財の証拠となる「生原氏関連割引債一覧表」の一枚紙を発見した。それによると、金丸のものとみられる日債銀発行の割引金融債(ワリシン)は28億円余分。87年の倍以上になっていた。

日債銀の担当者は、金丸が東京佐川急便からの5億円の受領を認め、自民党副総裁を辞任した、まさに前年8月27日の当日に、「いずれ、ワリシン取引が問題になるかもしれない」と考え、金丸側との取引を整理しまとめていたのだ。

査察部の係官は、本来の調査とは直接関係のない資料を覗き見する「横目調査」でこの資料を発見。密かにそのコピーを持ち帰った。これが、金丸脱税摘発の端緒となった。「横目調査」

は厳密に言えば、調査範囲を逸脱した違法調査だが、「不正」の端緒発見には欠かせない手法。それゆえ入手方法の詳細は省く。

金丸側はこの28億円もの資産を税務申告していなかった。溜まり（不正蓄財）の発見である。「当たりです」。脱税の疑い濃厚と判断した査察部は、すぐ国税庁調査査察部長の野村と、査察課長の石井道遠に報告した。

脱税容疑につながる「ブツ」を発見したことで逆に、国税庁は困った立場になった。親元の大蔵省（現財務省）は、長年、政権与党、特に自民党最大派閥だった竹下派に頭が上がらなかった。内紛で分裂状態にあるとはいえ、下手に「元親分」の金丸に国税単独で犯則調査をかければ、大騒ぎになり、大蔵省は自民党の有力議員ら予算、法案審議でそっぽを向かれ国会で立ち往生する恐れがあったのだ。

かといって、放置はできない。放置して、それが国民に知れたら、目も当てられない結果を招く。金丸に対する必要十分な税務調査と処分を行うには、政界がちょっかいを出せない検察に「共闘」をお願いするしかなかった。

野村と石井は1月19日の午前中、国税庁長官の土田正顕に「自分たちで処理し切れない。検察に頼むしかない」と進言。土田の了解を得て同日午後、最高検検事の石川達紘を訪ねた。野村、石井とも石川とは旧知の間柄だった。

日債銀作成の一枚紙を見た石川は、それが、金丸側が政治資金規正法違反か、所得税法違反（脱税）に問われる可能性のある重要証拠だとすぐに理解した。

政治資金規正法の政治団体の収支報告書不記載罪の主体は、秘書や後援会関係者が務める会計責任者で、政治家本人を訴追するには共謀の立証などさまざまな隘路があった。まして政治家本人の寄付として量的制限罪に問うには金丸に自分が受けた寄付と認めさせねばならず、仮に認めても罰金処理するしかなかった。ワリシンを使って所得を隠蔽した脱税容疑の線で捜査する方がまだ筋がよかった。

「上層部と相談するから待ってて」

石川は2人を執務室に残し、次長検事の土肥孝治と検事総長の岡村泰孝に紙を見せた。石川に全幅の信頼を寄せていた2人は「脱税で立件するしかありません」との石川の説明にうなづいた。20分もたたずに戻ってきた石川は、野村らに「地検の五十嵐特捜部長に連絡しておくので、彼と話をしてほしい」と告げた。検察と国税当局が組織を挙げ金丸脱税の捜査・調査に取り組むことが事実上決まった瞬間だった。

翌20日、野村、石井は五十嵐に会い一枚紙を渡した。五十嵐は「すごいの、もってきましたね。至急検討させていただきます」と応じた。努めて冷静を装ったが、「俺はついてるな。よし、やったろう」と身震いするような興奮を覚えていた。

特捜部が金丸の5億円闇献金を、金丸本人の取り調べをせず20万円の罰金で処分したことで検察批判が吹き荒れていた。五十嵐は、罰金処分については法律上の制約からそれ以外の選択はないと考えていたが、結果として検察が国民から批判を受けることになった責任を痛感していた。特捜部らしいインパクトのある事件を摘発して失地回復したいと考えていたが、特捜部長に就任して2年。人事異動の時期が迫り、焦り始めた矢先だった。

極秘捜査を徹底するため、検察の部下を使わず、東京国税局査察部から経理分析のプロの応援を得て密かに資料を分析。金丸脱税立件に向け走り始める。

特捜検事の井内顕策らが五十嵐の命を受け、日債銀が作成した金丸のワリシンの「一覧表」の裏付け捜査のため、同銀行本店に乗り込んだのは、93年1月22日。マスコミ各社はまったくノーマークだった。

井内が「金丸関係の取引内容を説明してくれ」と日債銀に申し入れると、日債銀側は、「これに基づいて説明します」と資料を出してきた。それが、国税が検察に持ちこんできた一枚紙の原本だった。検察は改めて原本の任意提出を受けた。

日債銀幹部は特捜部の聴取に対し、金丸側との取引の詳細を供述した。特捜部長の五十嵐らは拍子抜けした。銀行は取引先を大事にする。特捜部が銀行で企業や個人の取引記録を捜査すると、口止めしても取引先にご注進する銀行が少なくなかった。まして、相手は大物政治家。銀行に捜査を申し入れただけで協力を渋り、通報される恐れさえあるかも、と心配していたからだ。

日債銀の捜査に対する協力ぶりは際立っていた。わざわざ、金丸の取引を長く担当した幹部を転勤先の大阪から呼び寄せ、取引のいきさつを詳細に説明させた。3月6日に金丸に対して強制調査に着手するまで、情報が日債銀側から金丸側に漏れた形跡はなかった。

五十嵐は日債銀側の対応に「検察に対する好意」を感じた。

「捜査に入る直前、元国税庁長官の窪田弘さんが頭取含みで日債銀の顧問になっていた。窪田さんは現職時代から検察を大事にしてくれた。特捜部の捜査について報告を受け、協力するよう銀行幹部らの背中を押してくれたに違いない、と思った」（五十嵐）

捜査のピッチは上がった。ただ、このとき既に、日債銀では、後に窪田が粉飾決算の容疑で特捜部に逮捕されることになる、不良債権による経営破綻の時限爆弾の針が刻々と動き始めていた。

日債銀担当者らの供述を得た五十嵐は、事件の筋が見えたと判断。本格的に金丸脱税の捜査態勢づくりに入る。まず、主任検事の指名。ところが、これが難航した。

政治家事件の主任検事は普通、特捜部副部長が務める。金丸は現職の国会議員ではないが、政界の大物だ。容疑は脱税。国税当局が告発する脱税事件を担当する財政担当副部長を主任検事にするのが妥当なところだった。日債銀捜査で財政担当検事の井内らを借りる際、上司の財政担当副部長に金丸の脱税容疑の概要を告げていたこともあった。

財政担当副部長が突然、特捜部長室に現れ「3月末までに処理しなければならない脱税事件が数十件ある。自分はそれに集中したいと思います」と宣言したのは、五十嵐が金丸の脱税事件の主任検事を任せるべく声をかけようとした矢先だった。

法務省刑事局刑事課長への異動が内定していた財政担当副部長は、金丸の5億円闇献金の使途をめぐる政治資金規正法違反事件の不起訴処分を不当とする検察審査会の議決を受けた再捜査で再度不起訴とする裁定書への署名を上司の五十嵐に依頼されながら、「刑事課長としての仕事に支障を来す」と拒否したばかりだった。

五十嵐は、財政担当副部長は、特捜部に逆風が吹く中、政界関係の捜査を担当する気がなく、先手を打って逃げた、と判断。1期下の特捜部副部長の熊崎勝彦に声をかけた。ところが、熊崎は財政担当副部長から「金丸脱税は立証が難しい。俺は断った。君に話が来ると思うが、断った方がいいぞ」いわれた、とし「先輩がやりたくない事件を、なぜ私がやらなければならないのですか」と抵抗した。

結局、熊崎は五十嵐の粘り強い説得で主任検事を引き受けたが、財政担当副部長が熊崎にまで金丸脱税立件について消極論を吹き込んでいたことに五十嵐は愕然とした。

金丸脱税事件の主任検事となった熊崎は、山深い飛騨の農家の長男。苦学して明治大を卒業。27歳で司法試験に合格した。検事任官後、被疑者らの自白を引き出すのにたけた「割り屋」として特捜事件の摘発などで実績を上げていたが、出世は半ば、あきらめかけていた。

検察の人事は誕生日と任官年次が重視される。そのため、任官が早く年齢が若いほど出世が早くなる。同期の検事より年かさで早く定年を迎える熊崎は、検事総長や検事長など認証官にはなれず、その手前の検事正で定年を迎えるとみられていたのだ。

しかし、熊崎の実力を認めた五十嵐は、検察上層部に熊崎を強く売り込み、前年に出世コースでもある特捜部の副部長に昇格させてくれた。その恩義を感じていた。熊崎は強制捜査着手前夜、家族をフランス料理店に連れていき、「もしうまくいかなかったら田舎に帰って弁護士になる」と告げた。

国会では新年度の予算審議が大詰めを迎えていた。法務・検察は金丸逮捕が国会審議に影響を及ぼさないよう細心の注意を払った。検察が金丸らを脱税容疑で立件することは、最終的に3月4日の検察首脳会議で決まった。5日に予算案が衆院を通過する予定だったが、4日夜になって予算審議が6日にずれ込むことが確実になった。

大蔵省幹部は国税庁幹部を通じ、強制捜査の着手時期については「予算が通ってからにしてほしい」と切望。それを受けて検察は、強制捜査の着手は6日に予算案が衆院を通過してから、と決めた。

緘口令を敷いているとはいえ、時間がたてばたつほど、情報漏洩の恐れが拡大する。検察幹部らの胃は痛んだ。特捜部長の五十嵐が特に、警戒したのがこれまで何度か触れた東京高検検事長の藤永幸治である。第4章で触れたが、前年の金丸の闇献金事件処理に際し、金丸側と通じているのではないか、と法務・検察首脳が疑った人物である。

特捜部も疑っていた。特捜部が作成した報告書の内容がそのまま藤永に近いとされるマスコミに漏れたことがあったからだ。それらの情報を地検と最高検の幹部は共有していた。

とはいえ、検察の刑事手続き規定では、東京地検が政治家がらみの事件摘発に着手する際は、必ず東京高検検事長、検事総長、法務大臣に報告するルールになっていた。つまり藤永の承認なしで着手することはできない。それゆえ、特捜部側は一計を案じた。

捜査記録（注30）によると、東京地検幹部は3月2日午前10時半、密かに最高検の検事総長や次長検事らと会議を開き、「高検への報告は4日夕方とする」「6日午前中に、金丸、次男、生原の3人を一斉に呼び出して取り調べ、その結果を待って金丸と生原の逮捕状の請求手続きを取る」ことを確認した。この場に藤永は呼ばれていない。

一方、検事長の藤永も入った4日夕の検察首脳会議に提出した捜査報告書（注31）は、「今後の捜査方針」として、金丸らを取り調べるとはしたものの、逮捕は生原一人と読めるような書きぶりだった。しかも着手時期は明らかにしなかった。

報告書を見た藤永は「金丸の脱税を摘発するにしても着手は未定だし、逮捕も秘書だけ」と受け止め、さほどの切迫感を持たなかった可能性がある。結果として金丸逮捕の6日、主だった検察首脳が息をこらして捜査を見守る中、藤永だけは山梨でゴルフに興じていた。

2023年3月、五十嵐に確認した。

「明確な記憶はないが、あなたの見立ての通りでしょう。石川さんが（藤永のことを）気にしていた。首脳会議に出る幹部の日程を調べたら、うまい具合に、検事長は3月5、6日と山梨県への出張が入っていた。4日の夕方の会議で、金丸さんを脱税容疑で調べることだけの了解をとれば、検事長は次の日から東京にいない。東京にいなければ記者と接触することもなく、漏れないだろう、と石川さんと話した。実際、その通りになった」

特捜部に出し抜かれた藤永は怒り心頭だったのではないか。藤永は、マスコミには親切で、特捜部の保秘の壁に往生していた記者にはありがたい存在だった。金丸脱税事件後まもなく退官。特捜部が脱税容疑で摘発したエネルギー業界のフィクサーの石油商と取引のあった大手石油会社側の弁護士としてまたマスコミを引き寄せることになる。

「ワリシンをお持ちですよね」

実際の捜査は、綱渡りの連続だった。

金丸の元金庫番秘書の生原が東京・霞が関の東京地検に出頭したのは3月6日午前8時半。この日東京は晴れ。最低気温は6・8度。まだ寒かった。

生原は、金丸に代わって金丸がゼネコンなどから得た献金で総額28億円に及ぶ日本債券信用銀行発行の割引金融債「ワリシン」を購入。ゼネコンからの「おすそわけ」のカネで自身もワリシンを買っていた疑いがあった。検察の作戦は、まず、生原から脱税容疑を認める供述を引き出して「ワリシン」の現物を押さえ、それを支えに金丸と一緒に逮捕する作戦だった。

特捜部は日債銀で金丸、生原のワリシンの取引記録を押さえていた。とはいえ、生原が自白せず、「ワリシン」の保管場所についてもシラを切り通せば、金丸の立件は難しかった。

「博打だった。岡村さんはいい度胸をしていた。吉永さんなら止めていた」と石川は振り返る。

岡村とは当時の検事総長、岡村泰孝だ。吉永は、岡村と任官同期で岡村の後継の検事総長になった吉永祐介。吉永は特捜部副部長としてロッキード事件、東京地検検事正としてリクルート事件を摘発。検察内外で「捜査の神様」といわれたことは先に触れた。対する岡村はいわゆる赤煉瓦派（法務官僚）だ。特捜部長を務めたが、現場検事としては石油闇カルテル事件の捜査、公判に携わったぐらいで、法務省で官房長、刑事局長、法務事務次官を務め、検事総長になった。

吉永の衣鉢を継ぎ特捜のエースと言われた石川は、こと検察の命運を賭けた金丸脱税事件の捜査指揮に関しては、皮肉にも、検察きっての「事件屋」よりも「法務官僚派」の勝負勘を評価していたことになる。

「神さま」吉永は、摘発価値はあっても無罪リスクのある事件の着手には慎重だった。それが手掛けた事件の有罪率の高さの秘密でもあった。

「ワリシンお持ちですよね。金丸先生の分もありますよね」

前年に罰金処理され一件落着した5億円闇献金事件の関連での聴取と思い込んでいた生原の顔色が変わった。否定したが、特捜検事の吉田統宏は動じなかった。

「6億円分のワリシンについて自分のもので、親戚に預けた。オヤジの分はわからない。

(金丸の秘書の)次男に聞いてくれ」

観念した生原が自白したのは、昼食をはさんで午後、取り調べを再開したあとだった。特捜部の事務官らが親戚宅に急行。生原のワリシンを押さえた。特捜部長の五十嵐は、これで金丸が否認しても立件できる、と判断した。

本丸の金丸を取り調べたのは、特捜部副部長の熊崎勝彦だった。金丸には、人目を避けるため、キャピタル東急ホテルの部屋に同日午後、出頭するよう伝えていた。

熊崎は金丸と世間話で時間稼ぎをし、生原の聴取結果を待った。金丸につきそい隣室で待機していた検察OBの弁護士、安部昌博は「用がないなら連れて帰る」と熊崎をせっついた。

たまりかねた熊崎は「だれか弁護士の相手をする者をよこしてくれ」と五十嵐にSOSを送った。五十嵐は待機中の財政担当副部長にその趣旨を伝えホテルに行くよう指示した。

そうこうするうち生原供述が固まり、五十嵐は検察首脳会議の開催を要請した。金丸、生原逮捕の最終承認を得るためだ。

五十嵐が驚いたのは、その会議の場にホテルに向かったはずの財政担当副部長が突然現れ、検察首脳らの前で「部長から熊崎副部長が弁護士対応に苦慮しているので行ってくれと言われましたが、どうすればいいんでしょうか」と発言したことだ。

五十嵐は啞然とし、「まだ行っていないのか。早くいけ」と怒鳴りつけた。

副部長はすでに亡くなり、なぜ、あのとき、あのような言動をしたのか、確認のしようもないが、特捜部が万一、金丸脱税摘発に失敗した場合に備え、検察首脳らに消極意見だったことを印象づけるための、一種の「パフォーマンス」だったのかもしれない。

五十嵐にとっては、3度目の裏切りだった。

将来の検事総長確実といわれた財政担当副部長は、この後、法務省刑事課長、人事課長と出世街道を歩んだが、途中でコースを外れ、法務省刑事局長、事務次官などにも起用されず、大阪高検検事長で退官。弁護士になった。

五十嵐から熊崎に「生原の心証がクロになった。間違いない」との連絡が入ったのは午後2時半すぎ。

「ままごと遊びは終わりだ。調べはついていますよ」

威儀を正した熊崎がワリシン蓄財に切り込むと、金丸の体がぐらりと揺れた。金丸は、待機中の安部と相談したうえでおおよその事実関係を認めた。検察首脳は金丸、生原の逮捕方針を了承。熊崎は金丸を東京地検に任意同行し、金丸の供述調書を作成した。午後5時24分、生原逮捕。午後6時3分、金丸逮捕。政治の舞台で数々の修羅場をくぐってきた金丸にとっても、逮捕はさすがにショックだったのか。逮捕を告げられると見た目にもがっくりし、椅子から立ち上がる際、ズボンがずり落ちかけたという。

消えた金庫、捜査情報は漏洩していた？

6日午後3時32分、衆院予算委員会で予算案通過。午後4時2分、本会議開始で議場が閉鎖されるのを待って特捜部は捜索令状を請求した。捜索は午後4時半に始まった。

金丸らの身柄拘束以上に五十嵐が神経をとがらせたのは、金丸の脱税容疑の物証となる二十数億円相当のワリシンを金丸側から確実に押収することだった。捜索令状を早く請求すると、裁判所で記者に情報が漏れる恐れがあるとしてぎりぎりまで令状請求をしないことにしていた。

まもなく、衝撃の報告が飛び込んできた。内偵捜査では、金丸のワリシンは国会近くのパレ・ロワイヤル永田町ビル11階にある金丸の個人事務所の金庫に保管されているはずだった。ところが、その金庫が影も形もなかったのだ。

五十嵐は真っ青になった。金丸側がそのワリシンを自民党の資金団体、国民政治協会に持ち込み、過去に受けた「寄付」として処理してしまうと、「政治資金」の性格が強くなり、脱税に問うことが難しくなる恐れがあったのだ。

訴追できなければ、検察は無理な捜査で政界を混乱させたとして「私や石川さんだけでなく検事総長以下ラインの幹部は全員クビだった」（五十嵐）。

　捜索班の検事に「見つかるまで帰ってくるな」と電話で怒鳴った。普段は温厚な五十嵐の鬼の形相に、捜査指揮所に応援派遣されていた国税局の査察官らは震えあがった。若手の特捜検事、北島孝久が金丸の次男から、パレ・ロワイヤル4階の別の部屋を借りて金融債の入った金庫を移したことを聞き出し押収したのは、特捜部が金丸らの逮捕を発表した後だった。

　謎がある。取り調べに対し、次男は「何か嫌らしい感じがしたから、金庫を移動させた」と供述した。捜査記録によると、金庫を移したのは捜索9日前の2月25日だった。「嫌らしい感じ」だけで何十キロもの金庫を、新しく部屋まで借りて移すのは常識では考えにくい。金丸側に捜査情報が伝わったと考える方が自然だ。

「真相はわからないが、隠滅工作が中途半端だったので事件にできたのかもしれないね」と五十嵐も振り返った。

　特捜部と国税当局は金丸脱税事件について緘口令を敷いていた。それゆえ検察、国税担当記者は全くノーマークで、マスコミ関係者から自民党や金丸側に捜査情報が漏れた形跡はなかった。3月2日の検察首脳会議で金丸脱税立件を決めた後、法務・検察、国税当局中枢は情報を共有したとみられる。それが官邸や与党の自民党にも法相経由で情報が流れた可能性はあった。しかし、2月25日はその5日前だ。その時点で金丸側が法相や官邸、政権与党から情報を得ることはあり得ない。

　金丸の次男がいつ、誰から、何を聞いて「嫌な感じ」を持ち、重い金庫を動かしたのか。

次男は何も語らぬまま22年3月に亡くなった。

屋根裏部屋から押収された10億円

逮捕された金丸は、熊崎の取り調べに素直に応じた。苦労人の熊崎とはウマがあったのか、もともと正直でおおらかな性格だったのか、ワリシンを購入することになった経緯、生原に購入や乗り換え実務を委ねていたことなどを淡々と語り、脱税の認識があったことも認めた。

金丸は、87年に首相の座に就いた盟友、竹下登のため86年暮れから87年夏にかけて数億円のカネを国会議員らに使ったこと、自宅のタンスやベッドと窓の間の空間で企業や個人から受け取った現金の一部を保管。それが一時10億円もあったことなどを淡々と供述した。

ただ、金丸は、92年6月20日に割引債を現金化した10億円の行方や使途目的についてははらばくれ、何度も嘘をついた。それもすぐばれてしまう幼稚なものだった。

最初は、92年7月の参院選で半分くらい使った、と弁明し、じゃあ、その議員を調べていいんですね、と切り返されると、台湾の大学に金丸文庫という図書館を設立する資金として寄贈するため、ある人に渡したとまた嘘をついた。結局、金丸は「裏献金で割引債を購入して資産隠しをしていることがばれやしないかと気になり、順次現金にして隠しておいた方がよいのではないかと思い、まず10億円の割引債を現金にした。その10億円の行き先を突き止められると、資産隠しをしていたことがばれると思い、嘘をついた」と供述した。

現金は長男を通じて石川県の親戚に預けていた。特捜部は93年3月17日、親戚の屋根裏部屋に隠されていたカネの入った段ボール箱4箱を押収した。特捜部は金沢地検で現金を確認したが、日銀金沢支店から借りた札の計数機が途中でオーバーヒートする一幕もあった。

この10億円の差し押さえは特捜部にとって金丸の脱税の動機解明につながる重要な一歩となった。

熊崎はその後、特捜部長として証券大手や銀行の総会屋への利益供与事件や大蔵接待汚職事件を摘発。最高検公安部長で退官後は弁護士を開業。プロ野球コミッショナーも務めたが、22年5月に亡くなった。80歳だった。

脱税の物証として割引金融債を押さえた検察にとって、もうひとつ、重要な立証ポイントがあった。年度ごとの収入源の特定である。特捜部は内偵捜査で、ゼネコンからの盆暮れに届く定期献金が、蓄財の原資になっているとみていたが、こちらは金丸側の供述がないと、本当のところは、わからなかった。

金丸はゼネコンなどから毎年10億円以上の定期献金があったことは認めたが、「具体的な企業、団体、個人名を言うことは勘弁してください。男としてしゃべることはできない」(同年3月15日調書)と頑強だった。

こちらも、突破口となったのは金丸の金庫番だった生原だった。特捜検事の吉田統宏は金丸事務所から押収した日程表をもとに「この訪問は定期献金じゃないのか」「この人はそうじゃないのか」と生原を追及。生原は、ゼネコン側が生原に「おすそわけ」として置いていった金額を記憶で話した。検察は、それをもとに金丸への献金はその10倍と計算。裏付けとしてゼネコン各社を次々と捜索し、金丸への盆暮れの定期献金が1社2000万円に上ることを突き止めた。

ゼネコンから押収した経理資料は、検察にとって宝の山となった。93年夏から94年春にかけてのゼネコン汚職事件の端緒となる。

金丸にワリシンでの蓄財を勧めたのは、東京佐川急便事件で暗躍した政商の小針暦二だった。金丸は特捜部の取り調べに対し以下のように供述した。

「昭和60年（1985年）ころ小針さんから『（ワリシンは）無記名であり、誰のものか分かりにくいもので安心できる』などと知恵を授かった。企業、団体、個人らが裏でくれた大金を現金で保管しておくのも不用心であり、割引債券に換えておけば利息も付いて継続的に隠し資産を増やしていけることにもなると思い、5億円かそこらを小針さんに預け、日債銀の割引債券を購入してもらった。それを機に、裏でもらった金で割引債券を購入し継続的に乗り換えたり買い増しをしたりして資産を増やしていた」（93年3月9日調書）

割引金融債は、金融機関が発行する1年満期の債券で、利息相当分をあらかじめ額面から割り引いて販売され、1万円から購入できた。原則無記名のため、購入者が特定できず、不正蓄財しても「足がつかない」のがみそだった。

しかし、日債銀は売却したワリシンの管理事務などのため、大口購入者ごとに記録を残していた。名前を告げずに店頭で購入する常連客には「カマキリ紳士」「鼻ペチャおばさん」などあだ名をつけていた。日債銀資料に登場する「カマキリ紳士」は金丸の金庫番尾秘書、生原ではないか、との報道もあったが、実際は、小針の事務所の職員だった。

80年代から不動産やノンバンクへの大口融資で収益を積み上げてきた日債銀はバブル崩壊で巨額の不良債権を抱え、98年12月に破綻。直前に同様に破綻した日本長期信用銀行（長銀）とともに一時国有化され、巨額の公的資金を投入して再建する代わりに経営責任を問う「国策捜査」が発動された。

東京地検特捜部と警視庁捜査２課は99年７月23日、「損失処理を先送りした」として破綻直前の経営を担った元会長の窪田弘ら６人を粉飾決算の容疑で逮捕し、８月13日、窪田ら３人を起訴した。

日債銀の不良債権は、80年代の旧経営陣による小針グループなどへの乱脈融資に原因があった。窪田は国税庁長官まで務めた大蔵官僚。切羽詰まった日債銀の不良債権整理のため大蔵省の依頼で経営を引き受け、小針グループとの取り引きを清算するなど実績を上げていた。

金融行政の転換期。会計処理の基準が曖昧な時期の事件だった。窪田側は「金融政策の転換による破綻。責任は経営者個人でなく国が負うべき」と主張したが、一、二審判決は、窪田らに有罪判決を言い渡した。しかし、最高裁は控訴審判決を破棄・差し戻しとし、東京高裁は２０１１年８月30日、「違法な損失隠しとはいえない」と無罪を言い渡し確定した。

金丸脱税捜査で窪田に恩義を感じていた五十嵐は、特捜部が窪田を訴追したこと自体に違和感を覚えていた。

無罪判決について、「日債銀が不良債権を抱え、公的資金を投入して破綻処理することになったそもそもの原因は、窪田さん以前の日債銀経営者が積み重ねた乱脈融資にある。粉飾がいけないのはもちろんだが、破綻の責任を最後の経営者だけに押しつけるのはおかしい。事件を担当した後輩の検事諸君には申し訳ないが、無罪になってほっとした」と振り返った。

宮沢首相、後藤田法相でなければ、金丸逮捕はなかった?

金丸信の脱税逮捕で、ずっと引っかかっていたことがあった。93年3月5日夜、最高検検事の石川達紘から「明日、動きがある」と聞いただけの首相秘書官の中島義雄が翌6日朝、検察とタッグを組んで金丸脱税を調査していた国税当局の幹部に「金丸で何かあるのか?」と探りを入れていたことだ。

中島は石川から耳打ちされる前に、既に検察、国税が金丸に対し脱税での捜査に着手する方針であることを知っていたとしか思えなかった。だとしたら、中島はどこからその情報を得たのか――。

見当はついていた。検察→法相→官邸ルートである。当時の法相は「カミソリ後藤田」こと後藤田正晴。元警察庁長官で元首相の田中角栄の強い要請で政界入りし、中曽根内閣の官房長官などを務めてきた。そして、当時の首相は、大蔵官僚から政界に転じ、保守本流を自認する「宏池会」会長の宮沢喜一だった。

22年10月、中島にずばり聞いた。

「石川さんから話を聞く前に、あなたは検察が金丸さんを脱税で立件する方針だと知っていたのではありませんか」

「何となくわかっていましたね」

やはり。だから、中島は石川から「明日、動きがある」と聞いただけで、金丸が脱税容疑で逮捕されると理解したのだった。

「それは、金丸脱税着手を決めた検察首脳会議後に報告を受けた後藤田法相から宮沢首相に上がった情報を、あなたが共有していたという理解でいいか」

「まあ、そういうことですね」

検察は、政治家の犯罪など重大事件の着手を決める前に検事総長以下検察首脳と法務省刑事局幹部による検察首脳会議（御前会議）を開く。そこで着手方針が決まると、法務省はその旨を法相に知らせる。これは、検察庁法14条の「法相の指揮権」規定に基づくものだ。

捜査記録では、逮捕4日前の3月2日午前中に、最高検で東京高検検事長の藤永を外して首脳らの会議が開かれ、金丸、生原らの逮捕方針を決めていた。

金丸は前年10月に議員辞職していたが、政権や与党の要職を務めた大物政治家で、党内に強い影響力を持っていた。最高検は法務省幹部に、法務省幹部は法相である後藤田にそれを伝える。当然、後藤田は立件方針を首相の宮沢にも伝える。そして、宮沢は信頼する側近の中島にもそれを伝えた——。こういう流れだったのだろう。

ただ、4日の東京高検検事長の藤永を入れた最終の首脳会議では、特捜部は情報漏洩を警戒し金丸の取り調べや強制捜査のタイミングはあえて決めなかった。それについては特捜部の判断に委ねるよう求め、首脳会議は了承した。それゆえ、法相の後藤田も首相の宮沢も、そして首相秘書官の中島も着手のタイミングはわからなかったのだと思われる。

筆者は金丸逮捕から30年になる23年3月から日刊ゲンダイの連載記事「検察vs.政界　経済事件記者の備忘録」で金丸脱税事件を取り上げ、その中で、金丸脱税立件の情報が強制捜査着手前に官邸側に流れていたとの見立てを伝えた。

その1年後の2024年3月7日、朝日新聞朝刊は、「（宮沢喜一日録　戦後政治の軌跡）金丸氏逮捕、4日前から報告　極秘捜査中、後藤田法相から」との特ダネ記事を掲載した。当時の首相、宮沢喜一は40年間に及ぶ詳細な自筆の政治行動記録メモ（大学ノート185冊）を残していた。

記事は、

「（93年）3月2日付の日録には金丸氏について『「前議員に脱税容疑あり、3／15確定申告で時効となるにつき　その前に処置する要ありとの報告を受けた」と後藤田法務大臣より報告あり』と自筆で記されている」

「2日後の4日付の日録にも『後藤田法相よりデンワ。「金丸信ギ（注＝議員のこと）所得税法違反容疑により3／15所得税確定申告の時効にならざるよう　昭和62所得につき近く強制処分の要あり」と』との自筆の書き込みがある」

と伝えた。

この宮沢の記述は、3月2日の最高検での会議、4日の検察首脳会議の内容が間を置かず、法務省を経由して法相の後藤田に上がり、それが首相の宮沢に伝わったことを示す。筆者の見立ては間違っていなかった。

やはり真実はいずれ明らかになるものなんだ——と、久しぶりの高揚感を味わった。

検察に対して指揮権を持つ、法相の後藤田、そして首相の宮沢は金丸に対する検察の捜査方針を知っても、まったく法務・検察に注文をつけなかった。誰が見てもがっちり容疑が固まっている事件なら、政治家側が、下手に口出しすると検察から逆襲されると考えて口を出さなかったとも考えられるが、金丸脱税事件については、金丸や金庫番の生原の弁解いかんでは、会計責任者の犯罪である政治資金規正法違反（虚偽記載）などにすり替わり、金丸本人の責任追及が難しくなる可能性があった。

特捜部は金丸、生原の取り調べで「脱税の認識」につながる供述を獲得し、脱税の物証を押さえる必要があった。それは「博打であり、のるかそるかの勝負」（石川）だった。有能な警察官僚だった後藤田が「政治家本人の脱税」との報告を受けて、立件にそういう法律上の隘路があるとの問題意識を持たなかったとは考えにくい。

金丸は当時78歳という高齢で、病気がちでもあった。93年3月6日午後の首脳会議での逮捕方針の報告を受けた段階で、実現するかどうかは別にして、法相や首相がそれを理由に逮捕ではなく在宅捜査にするよう注文をつけることは可能だったと思われる。現に、検察首脳は着手前、特捜部に「高齢だが、大丈夫か」と確認し、特捜部は「リクルート事件の真藤恒

ＮＴＴ会長（当時78）らの例があり、問題ない」と答えている。検察内部でさえ、高齢逮捕に対する懸念があったのだ。

半年前の金丸5億円闇献金事件の罰金処分をめぐっては、金丸側近の小沢一郎ら竹下派幹部の一部が官邸に刑事処分でなく行政処分で済ませられないか、と働きかけている。それに比べると、後藤田、宮沢の金丸に対する冷たさ、素っ気なさが際立つ。

当時、法務省刑事課長だった弁護士の鶴田六郎は「記憶が曖昧だが、金丸逮捕を認めた6日の首脳会議の結果は刑事局長に報告し、局長か官房長、事務次官が法相に報告したと思う。その報告が逮捕状の執行の直前になった記憶がある。間に合わないんじゃないかと心配した印象が残っている」と振り返った。

生原、金丸らの取り調べ状況などから考えて、金丸らの逮捕を決めた首脳会議の結論が出たのは午後3時ごろだったとみられる。金丸逮捕は6日午後6時3分だった。重大事件の着手を控えた法務省が、法相の日程を把握していないはずはない。法相に連絡をつけるのに時間がかかったというのは不可解だ。

すでに捜査方針を知らせていた法務省が、後藤田にあえて報告を遅らせる必要はない。むしろ、後藤田側が、弁護士ルートなどで捜査を知った自民党内の金丸シンパから「指揮権を発動して逮捕を回避しろ」との要請をかわすため、あえて逮捕ぎりぎりまで報告を聞かないようにしたのではないか、との想像も浮かぶ。

金丸と懇意のマスコミなどの有志が編纂した「昭和の信玄『人間　金丸信の生涯』」によ

ると、金丸は「宮沢嫌い』を公言していた。と同時に、宮沢も負けず劣らず辛辣だった。「『金丸を生簀巻きにして釜無川に沈めてやる』と言ったという話が金丸の耳に入った」（栗原猛元共同通信社解説委員）。

東大＝大蔵官僚だったエリートの宮沢は、「義理と人情」の党人政治家・金丸とはそもそも肌が合わなかった。91年秋、総裁選出馬時に金丸側近の小沢一郎から「面接試験」までされ、経世会・金丸に強い反感を抱いていたとみられる。

政権基盤が弱かった宮沢にとって自民党の最大派閥「経世会」会長の金丸は、92年1月から8月まで自民党副総裁として政権を支えてくれた恩人ではあるが、ゼネコン利権の代弁者として公共事業予算から競争政策まであれこれ注文をつけるうるさい存在でもあった。

後藤田も、自らを政界に導いてくれた恩人の田中角栄を裏切り、田中派を事実上、竹下登とともに乗っ取った金丸とは距離があったとされる。その後藤田を、宮沢は92年12月に法相に起用した。

そういう2人が検察に対する指揮権ラインに座っていたがゆえに、金丸脱税捜査は政界の妨害なくスムーズに進んだといえるのではないか。

もっとも金丸逮捕約1カ月後の93年4月8日に法相との併任で副総理に起用された後藤田は報道各社のインタビューで「金丸信・前自民党副総裁の脱税事件には後藤田氏の力が大きいとの見方があるが」と問われ、「全くの嘘だ。国税の査察と検察の調べで事件が出てきたのであって、捜査について政治の影響は全くなかった。これだけは明言しておく」と語っている。

後藤田も、宮沢も鬼籍に入った。真相を知るすべはすでにない。

五十嵐とともに金丸脱税逮捕で重要な役割を果たした最高検検事の石川達紘は、その後、東京地検次席検事としてゼネコン大手の経営陣や茨城、宮城の県知事、中村喜四郎元建設相らを逮捕したゼネコン汚職事件の捜査を指揮。金融失政に批判が集まった98年には東京地検検事正として大蔵官僚の金融機関からの接待汚職を摘発したが、その捜査方針をめぐり法務省幹部と対立。事実上、中央から追放される形で99年4月、福岡高検検事長に転出。2001年11月、名古屋高検検事長で退官した。その後、弁護士を開業。18年2月、自ら運転するトヨタの高級車レクサスで死亡事故を起こして業務上過失致死罪に問われ、「車の不具合で暴走した」と無罪を主張して最高裁まで争ったが、23年5月、禁錮3年、執行猶予5年の一、二審判決が確定。弁護士資格を失った。

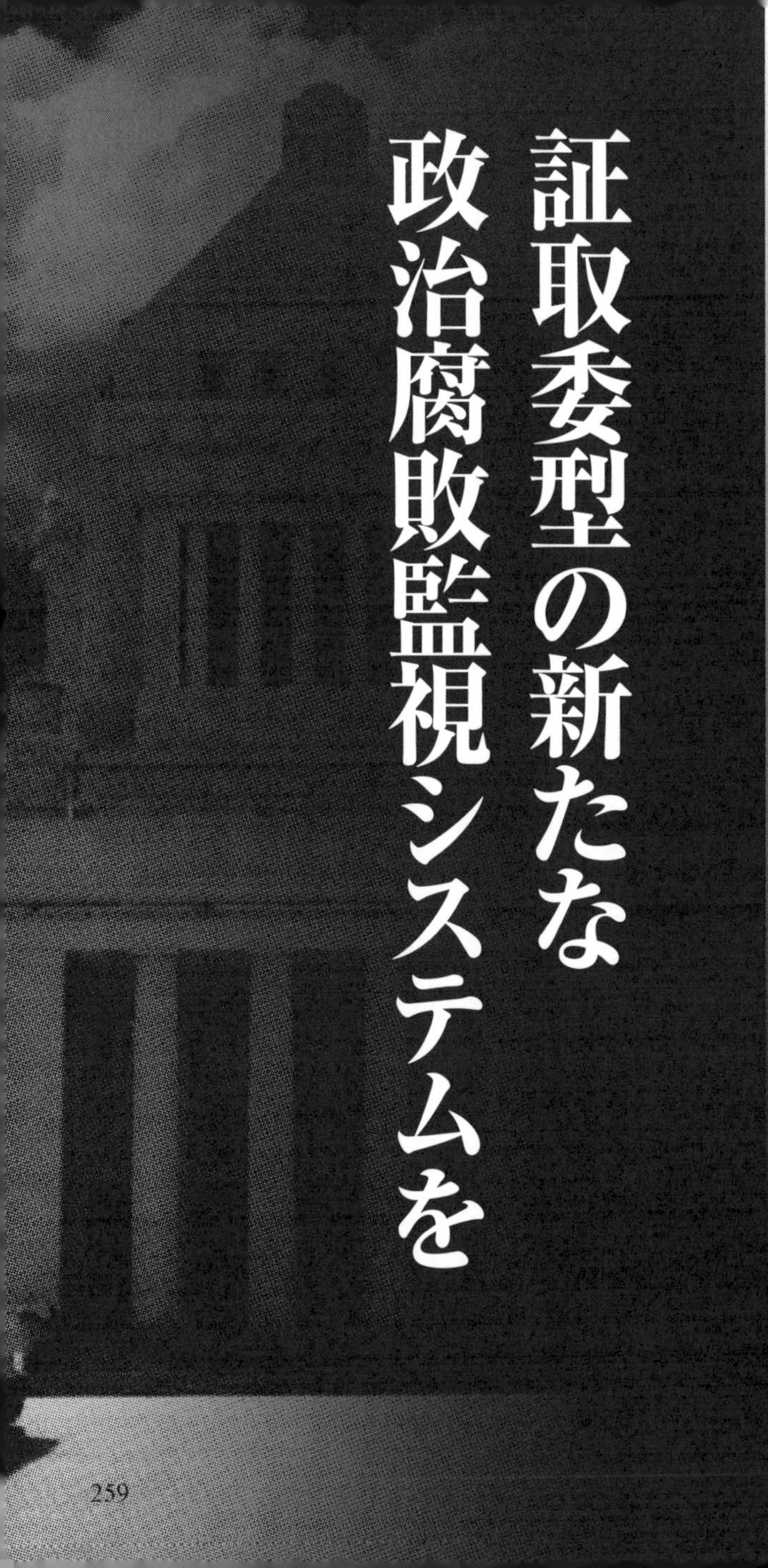

終章

証取委型の新たな政治腐敗監視システムを

政治資金捜査の紆余曲折

検察は1992年に金丸信の5億円闇献金事件を摘発したのを皮切りに、2024年の自民党派閥パーティー収入をめぐる「裏金」事件まで、数多くの政治資金規正法違反事件を摘発してきた。いずれも、時代を映す政治とカネの腐敗の一端を切り取ったものだが、捜査には紆余曲折もあった。

まず、「ザル法」といわれた政治資金規正法の強化改正に触れておこう。

自民党の派閥の有力者ら多数に値上がり確実の未公開株がばらまかれ、世論の批判を受けた89年のリクルート事件を機に、海部内閣は91年8月、政治資金規正法、公職選挙法の強化改正や政党助成法の新設を盛り込んだ政治改革関連3法案を国会に上程した。

しかし、与野党の駆け引きから国会の採決は見送られ、再度の審議、修正を経て法律として日の目を見るのは、金丸闇献金事件で改めて政治資金規正法の「穴」がクローズアップされた後のことだった。

94年1月、3法案に新たに小選挙区比例代表並立制を加えた政治改革4法が成立。政治資金規正法の量的制限違反の罰則の最高刑は20万円以下の罰金から禁錮1年以下に、また収支報告書の虚偽記入罪・不記載罪の法定刑は5年以下禁錮又は100万円以下の罰金に強化改正された。

また、課税対象とならない特別な収益事業の体裁をとった企業・団体が購入する政治資金パーティー券の開示基準を20万円超とした。

94年改正の目玉のひとつが企業・団体献金を規制する代わりに政党に税金を交付する政党助成法だった。95年以来、毎年総額300億円を超す金が、受け取りを拒否する共産党以外の政党に交付されている。

法制定時には与野党合意で5年後に政治家個人の資金管理団体への企業・団体献金を禁止し、政党・政治資金団体への寄付も見直す付則を定めた。しかし、99年法改正で禁止されたのは政治家個人の資金管理団体などへの寄付だけで、政党とその政治資金団体への寄付、政治家個人への企業献金の抜け道となる政党支部への寄付も残された。政治家側は企業・団体献金と政党交付金を事実上、二重取りする格好のまま今に至る。

それでも世論の批判を意識した企業・団体側からの政治献金は細った。政治家側はその不足分を、献金者側の匿名性を高く設定した政治資金パーティーに頼るようになる。政治資金パーティーは事実上、企業・団体からの迂回献金装置としての性格を強める。

その政党交付金をマンションの家賃や海外旅行など私的な支出に流用した事実を隠すため、使途報告書や政治資金収支報告書に虚偽の事実を記載した政党助成法違反と政治資金規正法違反などで自民党衆院議員の中島洋次郎（比例・北関東）が東京地検特捜部に逮捕されたのは98年10月。

経済社会では、企業が情報を開示せず投資家の判断を誤らせることが重大な企業犯罪だという認識が定着しつつあった。政党助成法や政治資金規正法の思想もそれに近かった。

両法を使って中島を逮捕したことは、検察の政界捜査に対する「発想の転換」を予感させるものでもあった。

中島は、防衛政務官時の救難飛行艇受注をめぐる受託収賄、96年総選挙での2000万円の公選法違反（買収）、公設秘書給与詐取も摘発された。最近まで、政党助成金の収支の開示では比較的問題が少ないとされるのは、この中島事件摘発の効果もあったとみられる。

中島は一、二審で実刑判決を受け、上告中の2001年1月、自殺した。

ちなみに特捜部は中島事件捜査と並行して経済省庁の官房長クラスによる関係業界企業への政治資金パーティー券斡旋疑惑も内偵していた。本格的な捜査に乗り出していれば、大騒動になっていたと思われるが、なぜか立件は見送られた。

政官財もたれ合いの護送船団時代の末期。企業・団体献金を制限された政治家は、業法を通じて産業界に睨みを利かす官庁幹部にパーティー券の売りさばきを頼んでいた。すでにパーティー券をめぐる政官財の腐食の土壌があったことを示す。

特捜部が立件を見送った理由は不明だが、当時は、官僚の中の官僚といわれた大蔵官僚の接待汚職を摘発したばかりで、霞が関の官僚群は動揺していた。また、法務省は組織を挙げて司法制度改革に取り組もうとしていた。それには政官財界の協力を得ることが必要だった。

それらの事情を勘案して政界や官僚仲間に対するある種の忖度が働いた可能性がある。その後、省庁の政治家に対するパーティー券斡旋の話は聞かなくなった。水面下で関係省庁に対する検察のきつい「叱責」があったのかもしれない。

情報開示義務違反の摘発強化

1990年代、日本システムの運営スタイルは、護送船団型から市場対応型へと大きく変わろうとしていた。検察も政治腐敗摘発の捜査スタイルの転換を促された。

冷戦終結後、米国は日本の市場の閉鎖性や談合体質の改善を強く要求。経済界も、日本の市場経済の成熟を理由に護送船団型の経済政策からの転換を求めていた。

政府は官僚中心の裁量行政型からルール強化・事後チェック型へのシステム運営に舵を切り、独占禁止法や証券取引法など経済関係法の強化改正を進めた。

それに対応して、検察は2000年代初めから、市場経済システムに害をなす経済事件の摘発を重視するスタンスに移行。「ルール違反や情報開示義務違反をきつくとがめる」を合言葉に証券取引法（現金融商品取引法）、独占禁止法違反事件の摘発を強化する。

政治腐敗摘発についても、政治家側の防御能力向上などで従来の贈収賄罪で切り取る手法が困難になってきたことから、政治資金規正法を積極活用する捜査手法への転換が試みられた。

その流れの先頭にたったのが、02年10月に東京地検特捜部長に就任した岩村修二だった。特捜部で89年のリクルート事件捜査に携わった後、法務省に異動。政治資金規正法や独占禁止法などの改正にかかわった岩村は、贈収賄摘発を金科玉条としてきた特捜検察の運営を政治資金規正法違反重視に転換した。

政治腐敗を断つには、政治家側がどこからどういう金をもらい、どう使っているか、を国民に知らせることが肝要だ。それがわかれば、選挙の際に国民は政治家を選別することができる。そのためには情報開示が何より大事。開示を回避しようとする政治家には厳しい制裁が必要だ——との考えがあった。

実際、政治資金規正法の虚偽記入罪の法定刑は贈収賄と同等の重罰。腐敗政治家を政界から退場させる現実的効果と予防的効果。その両面から見ても、効力は変わらない。しかも、金の出入りはあっても職務権限の壁、請託供述などが必要な贈収賄事件に比べ、収支報告書への不記載や虚偽記入を問う政治資金規正法は比較的、容易に事実を認定できる。利権や癒着の実態は冒頭陳述などで背景事情として暴けばいい——。

03年3月、大蔵省出身の自民党衆院議員、坂井隆憲（佐賀1区）を、大手職業訓練会社の会長から提供された多額の献金を、政策秘書の女性らとともに裏金として処理し資金管理団体の収支報告書に寄付の金額を実際より1億2043万円少なく記載した政治資金規正法違反（虚偽記載）容疑で逮捕。秘書給与詐欺も含めて起訴した。

従来の特捜部なら献金の趣旨に注目し収賄容疑での立件を目指すところだが、岩村は、収賄容疑はむしろ、規正法違反の背景事情と位置付ければいい、と判断した。坂井については05年2月、懲役2年8月の一審実刑判決が確定した。

同年7月には、参院議長も経験した埼玉県知事の土屋義彦の資金管理団体の収支報告書に嘘の記載をしていたとして、政治資金規正法違反（虚偽記入）の疑いで土屋知事の長女のコンサルタント会社社長ら2人を逮捕。知事室や土屋の自宅も捜索した。

長女は資金管理団体を統括してきたが、経営する複数の会社の資金繰りに窮し、団体の政治資金を繰り返し流用。それを隠すため団体の収入が98年から5年間で計3億円余あったのに、1億1600万円余を除外して収支報告していた。

清掃用品レンタル大手の旧経営陣による特別背任事件が発端だった。捜査の過程で同社が埼玉県三郷市への工場建設の際に土屋の長女側に知事への口利きを依頼し、1000万円を提供していた疑惑が判明。

特捜部は「知事の威光を期待した、賄賂性の強いカネ」とみて捜査を進めたが、業者側から賄賂の趣旨を裏付ける供述は得られず、政治資金規正法違反での追及に切り替えた。

資金管理団体の代表だった土屋は捜索後に、辞任を表明。特捜部は土屋本人から事情聴取したが、責任を問うほどの悪質性はなかったとして起訴猶予処分とした。長女は04年3月、東京地裁で禁錮1年6月執行猶予4年（求刑禁錮1年6月）を言い渡された。

岩村は、政治資金規正法が構造的な政治腐敗を暴く武器として使えることを鮮やかに実証してみせた。

岩村から特捜部長を引き継いだ井内顕策は2004年に摘発した日本歯科医師連盟（日歯連）の不正献金事件で、元首相の橋本龍太郎、元自民党幹事長の野中広務、同党参院議員会長の青木幹雄の旧橋本派幹部3人が2001年7月、日歯連幹部から会食の場で1億円の小切手を受け取りながら、領収書を出さずに不正に会計処理した政治資金規正法違反事件に切り込む。

日歯連は診療報酬の引き上げなどのため、医療行政の政策決定に深くかかわる自民党の族議員や有力幹部ら多数に、不明朗な方法で巨額のカネをばらまいていた。

1億円の処理方法は02年3月の橋本派の幹部会で協議された。元官房長官の村岡兼造、野中、青木らが出席したが、橋本は入院中で欠席。「選挙の年だから目立つ」と出席者全員で裏金処理を決めた。

特捜部は04年9月、この幹部会に出ていた村岡を在宅起訴。会計責任者を逮捕・起訴した。橋本、野中、青木は不起訴とした。

公判で元会計責任者は罪を認めたが、村岡は強硬に無実を主張。一審判決は「元会計責任者は派閥会長の橋本や自民党全体に事件が波及するのを阻止するため偽証した疑いが濃い」などと指摘。村岡の言い分を認め無罪を言い渡したが、控訴審で禁錮10月、執行猶予3年の逆転有罪。上告審で有罪が確定した。

特捜部がこの事件で裏金処理をリードしたと見立て訴追を目指したのは野中だった。当時の検察幹部は最近、「詳細はまだ話せないが、上層部の判断で野中は消え、村岡単独訴追になった」と筆者に語った。

検察首脳らは、官房長官や幹事長を務めた実力政治家の野中に忖度し、捜査を歪めた疑いがある。

日歯連事件2年前の02年4月、検察が捜査協力者に払う調査活動費を架空の領収書等を使って裏金にし検察幹部の飲食に充てていた疑惑を大阪高検公判部長の三井環がテレビ番組で告発しようとした当日の朝、大阪地検特捜部が微罪で逮捕。検察は「臭いものに蓋をする疑惑捜査」と世論の厳しい批判を浴びていた。

官公庁の裏金作りを犯罪として訴追してきた検察にとって、自らの調査活動費流用疑惑は触れてほしくない弱点——アキレス腱だった。野中はこの調活費問題を含め、検察のスキャンダル情報に通じていたとされる。ここからは推測だが、当時の法務・検察首脳らは、野中を訴追すると、逆襲で検察幹部らがかかわる不正経理問題を蒸し返されることを恐れたのではないか——。

小沢捜査に消極的だった検察上層部

２００９〜10年にかけ、小沢一郎の資金管理団体「陸山会」を舞台とした政治資金規正法違反事件を摘発したときの特捜部長は佐久間達哉だった。米証券取引委員会への出向後、駐米日本大使館で司法担当一等書記官を務め、適正手続きを重視する米国流の「フェアネスの精神」の洗礼を受けた、岩村流特捜検察の後継者だった。

特捜部を指揮する東京地検検事正はその岩村。岩村特捜部長時代に副部長として坂井事件などを摘発した大鶴基成が最高検検事として佐久間特捜部を支えた。大鶴は井内の後の特捜部長だった。

中堅ゼネコンの西松建設からの寄付を、同社が設立したダミーの政治団体からの寄付と偽って「陸山会」の収支報告書に記載したとして政治資金規正法違反（虚偽記載）で小沢の資金団体「陸山会」の会計責任者の秘書を、特捜部が逮捕、起訴したのは、自公の麻生政権から野党・民主党への政権交代が確実視されていた09年3月。

従来は見逃してきた「表献金」での摘発に踏み切ったのは、献金の動機が04年10月の「胆沢ダム」(岩手県奥州市)の工事発注で便宜を図ってもらった事実上の謝礼と見立てたためだ。後に、裁判所は秘書に対する判決でこの特捜部の見方を認める。

民主党代表だった小沢は代表辞任に追い込まれ、同年9月に誕生した民主党政権の首相にはなれなかった。

小沢や民主党は「政権交代を阻止したい自公政権に忖度した政治捜査」などと検察を厳しく批判。世論も呼応し検察捜査に疑問を投げかけた。

それに対し特捜部は、別の陸山会による土地取得をめぐる政治資金規正法違反(虚偽記載)での小沢本人の立件を目指し、翌10年1月、「実行犯」として陸山会の元会計事務担当の衆院議員、石川知裕を逮捕した。

陸山会は世田谷区の土地購入資金として小沢から4億円を借り、04年10月下旬に土地購入費を支払い、翌05年1月、土地の登記をしていた。一方で、04年10月下旬に複数の小沢系政治団体から陸山会に集めた4億円を担保に小沢が銀行から同額の融資を受け、融資金4億円を陸山会に貸し付けていた。

陸山会の収支報告書には、小沢から借りた最初の4億円の記載がなかった。特捜部は、最初の4億円を隠すため、あたかも銀行からの借入金4億円が土地代金の原資であるかのように外見を偽装したと見立てた。

胆沢ダム工事を受注した別の中堅ゼネコンの社長が特捜部の取り調べで、世田谷の土地代金決済に近接した時期に石川に5000万円の現金を渡したと供述。特捜部はこの金が最初の4億円の一部になったと疑い、「公共事業の口利きでゼネコンから裏金をもらったことがばれると政治家は致命傷になるため、5000万円を含む4億円の出所を明らかにしたくない小沢側は、そのカネで土地を買ったことを隠すため、あえて、陸山会が利子を負担して同額の4億円の融資を受けた」と見込んだ。

石川逮捕は、政権与党幹事長の小沢との全面対決を意味した。特捜現場は小沢訴追に自信満々だったが、検察首脳は小沢側とことを構えるのに消極的だった。石川の逮捕に先立ち、最高検、東京高検から特捜部に対し、石川に対する捜査が進展して小沢の立件が視野に入った場合の捜査方針が伝えられた。

「小沢が石川に渡した4億円すべてがゼネコン資金だと裏付けられれば、小沢を逮捕」「4億円のうち水谷建設の5000万円を石川に認めさせられれば小沢を在宅起訴」。裏返すと、虚偽記載の動機として「4億円にゼネコンからの裏金が含まれているから隠したかった」という「実質的悪性」まで立証できなければ小沢の起訴は許可できない。起訴に持ち込みたければ裏金授受について「石川を割れ（自供させろ）」――という指示だった。

石川は5000万円の授受を頑強に否定したが、「（小沢から受け取った最初の4億円は）小沢が何らかの形で貯めた簿外の資金であるため、収支報告書に載ると、次期代表選前に土地取得やその原資の不透明さが報道されるなどして小沢に不利になると考え、小沢に登記を翌年にずらすことを提案すると、『そうか、それじゃあそうしてくれ』と言われた」「土地取得の原資が小沢から提供を受けた4億円ではないという外形を作るため、04年10月29日の代金決済日に、銀行に定期預金をし、それを担保に小沢が4億円を借りて陸山会が転貸を受けることを考えた。その旨を小沢に説明すると、『おう、わかった』と賛成してくれた」と供述した。

特捜部は土地代金決済の当日、銀行から4億円の融資を受けるための書類にあった小沢の署名を「犯人が残した指紋」と位置づけ、石川との虚偽記載の共謀が成立する、と判断。小沢の訴追方針を決めた。

しかし、検察上層部は、もっと具体的な共謀の証拠がないとだめだ、とはねつけ10年2月4日、石川ら元秘書3人だけを虚偽記載の罪で起訴。小沢については嫌疑不十分で不起訴とした。

のちに石川らに虚偽記載で有罪を言い渡した判決は、石川が否定した中堅ゼネコンからの5000万円受領について、別の小沢の秘書が同じ会社から受け取ったとされる別の5000万円とともに事実と認定したが、検察にとっては時すでに遅し、だった。

特捜部は検察審査会に後を託した。検察審査会は検察の提出した捜査記録をもとに小沢を強制起訴したが、結局、一、二審とも無罪となった。裁判所は、検察の最初の不起訴判断を支持した。

「調書至上主義」捜査モデルの破綻

その審査会に提出された、石川に対する任意の聴取結果をまとめた特捜検事の捜査報告書（2010年5月作成）に事実に反する記述があることが暴露されたのは11年12月の小沢の強制起訴の公判だった。石川が検事の聴取を受けた際のやりとりを隠し録音していた。当の検事や上司の佐久間らは懲戒処分を受けた。

10年9月には大阪地検特捜部の検事が、郵便不正をめぐる虚偽有印公文書作成の罪で起訴された村木厚子元厚労省局長の事件で村木の部下の厚労官僚の供述調書を誘導でフレームアップし、さらにその内容に整合するよう押収したフロッピーディスクの内容を書き換えていた証拠改竄事件が朝日新聞の調査報道で発覚していた。

検察はこの2つの不祥事で、独善的な捜査のスタンスと取り調べに頼る捜査手法の両方を厳しく指弾され、信頼回復のため、抜本的な組織改革と捜査モデルの転換を余儀なくされる。

2016年5月、録音録画や司法取引を導入する刑事訴訟法改正案など刑事改革法案が成立するが、その改革立案の中核となったのが最高検総務部長、法務省刑事局長を歴任した林真琴であり、政界ロビーイングの先頭に立ったのが法務省官房長の黒川弘務だった。

「政治主導」を強調し各省庁幹部に対する人事グリップ強化をうたった安倍政権が成立するのは、その最中の12年12月。そして16年秋、検事総長コースにつながる法務事務次官人事を迎えたとき、安倍政権は法務省が本命として提示した林でなく黒川を次官に据えた。この人事介入が、序章で述べた「黒川・林騒動」につながっていく。

小沢事件以降、検察部内では、政治家を収支報告書の不記載・虚偽記入の罪に問うには、会計責任者ら事務方の供述だけでなく通信記録や業務日誌など詳細な物証が必要との認識が浸透した。坂井隆憲事件や日歯連事件を先例に、政治家を不記載、虚偽記載で正式起訴する場合の立件基準は「1億円」とされるようになった。捜査のハードルは上がり、特捜部が政治家本人を政治資金規正法違反に問う事件の摘発はしばらく途絶えた。

元自民党衆院議員、薗浦健太郎（千葉5区）が、政治資金パーティー券収入を政治資金収支報告書に過少に記入したとして4900万円の虚偽記入で略式起訴されたのは22年12月。

この事件では、元秘書が「元議員とのやり取りを録音しており、通帳の余白に記載した正規の収支のメモを消去するよう元議員から求められたと説明した」（22年12月23日、毎日新聞）とされ、元秘書は供述に沿う物証も提供したという。薗浦は罰金100万円、公民権停止3年の略式命令を受けた。

今回の自民党のパーティ券収入をめぐる「裏金」事件での政治家に対する検察の処分も、その基準で行われたとみられる。

慢性疾患が悪性腫瘍に転化した自民党の「裏金」

同じ政治資金規正法違反での摘発ではあるが、序章でも触れたように、金丸事件から小沢事件までの事件と、今回の自民党派閥のパーティー券収入を巡る「裏金」事件には、根本的な違いがある。政治家側が受け取り開示しなかったカネにかかわる「実質的な悪性」の有無である。

金丸事件では、東京佐川急便社長の渡辺広康が佐川グループ内での地位を守る後ろ盾として金丸を使おうと考え、簿外で調達した5億円の現金を提供。金丸側も暴力団を使って政権を樹立した皇民党事件で深いしがらみがあった渡辺との関係を隠そうとして収支報告書に記載しなかった——と検察は見立てた。つまり、5億円闇献金には実質的悪性があった。

贈収賄罪は適用できないため、政治資金規正法違反での摘発を目指したが、政治団体の会計責任者がダミーで責任を問えないため、金丸の会見での発言に乗じ、金丸本人の寄付の量的制限罪を適用した。

中島事件には政党交付金の不正流用という実質的悪性があり、坂井隆憲事件、土屋義彦の長女の事件、日歯連による橋本派への1億円闇献金事件、小沢の陸山会事件。いずれも献金する側に政治家側の権力行使への謝礼、あるいはそれへの期待を込めた、事実上の贈賄的思惑があった、と見立てた。嫌疑をかけられた側も、検察がそう見ているとの認識はあったと思われる。

民主主義や市場経済を腐らせる贈収賄や企業の背任事件など実質的悪性の強い犯罪は、ひとの体でいうと、命にかかわる悪性腫瘍と同じだ。見つけ次第、摘除しなければいけない。金丸事件から陸山会事件までの事件についても、特捜部は、捜査で同様の悪性を見いだし摘発に乗り出したとみることができる。

一方、今回の自民党派閥の「裏金」事件。安倍派の派閥パーティー収入をめぐる資金還流とそれに伴う収支報告書への不記載は20年以上前に始まったとされ、摘発されるまで毎年、当たり前のように不正が繰り返されてきた。

金額の多寡にかかわらず、政治資金の出入りを収支報告書に記載するのは、政治家として最低限のルール。長期にわたる組織的な虚偽記載などあってはならないことだ。

ただ、今回の事件に当てはめると、パーティー券を購入した企業・団体側には、自民党の派閥、あるいは購入窓口の政治家に対し、パーティー券購入で特定の事業などで便宜をはかってもらおうという贈賄の「思惑」は希薄だったとみられる。あったとしても、政治家側に事業の邪魔をされないための「保険」程度のことだったのではないか。

そして政治家側も、不正をさほど、深刻に受け止めていなかった可能性がある。

「裏金システムを作った張本人」と名指しされた森喜朗は、月刊文藝春秋6月号のノンフィクション作家、森功のインタビュー記事で資金還流システムへの関与を全否定したうえで、「派閥の資金パーティーは、安竹宮が各派を率いた80年代後半から始まったのでしょう。結果としてそこで裏金が生まれていった。たとえば比例区の議員たちは全国に選挙の組織があるから、実際にパーティー券を売った分を派閥に届けた後から、未納の金がポッポッと入ってくるそうです。秘書も後から収支報告書に届け出るのは面倒だ、となる。その金は宙ぶらりん、秘書たちが日常的な政治活動に使っていたケースもあったらしい。そういう意図的ではない悪習が常習となり、言い伝えのように『こういう手もあるよ』と人から人に伝わっていったのではないかと思う」と語った。

もしそれが事実なら、パーティー券で稼いだ派閥、収入の一部の還流を受けた議員側も、隠さないと危ないとの認識は薄かったであろう。議員の大半は「こんなことして大丈夫かな」と思いつつ、「みんな、やっていることだから」と目をつぶった――。

その意味で、今回、摘発された違反の多くは、不摂生が招く慢性的生活習慣病のようなものだったのではないか。最初は小さな違和感、不調を無視して治療を怠ると、じわじわと健康を蝕み、場合によっては命にかかわる重篤な病気になり、手術などの荒療治が必要になる。「裏金」にかかわった政治家たちは「大した違反じゃない」とたかをくくり、違反を放置したため、政治家本人から派閥や党という体全体を蝕み、ついに検察による外科手術が必要となったケースといえるのではないか。

政治とカネをめぐる腐敗は日本システムに根付いた業病だ。悪性腫瘍タイプ、生活習慣病タイプ。いずれも危険だ。積極的に定期健診で早期発見に努め、適切な治療を行う必要がある。しかし、悲しいかな、日本には政治腐敗を治療する十分な医療システムが整備されていない。

悪性腫瘍タイプには、外科手術を得意とする検察という「白い巨塔」がある。ロッキード事件やリクルート事件など数々の政界汚職、つまり、悪性腫瘍を手術で除去し、社会の健康を守ってきたが、生活習慣病由来の慢性疾患医療システムは極めて脆弱。なきに等しかった。

総務省や各地の選挙管理委員会が定期的に健康診断を行い、ときには相談にも乗るが、基本は、受診者の自己申告。形式的なチェックで書類と証票に齟齬がなければ問題なしとして掲示板に掲げるだけ。

「政治の自由」に配慮して突っ込んだ問診はしない。そもそも、不正の疑いの端緒を得る、つまり、疾患発見で必須の血液や尿の検査、内臓のエコー検査などの用意もない。

当然ながら、生活習慣病の早期発見はできない。病状が悪化した患者については、やむなく検察が荒療治。周辺の病気予備軍の政治家たちはそれに驚き、しばらくは節制するが、すぐ忘れ、自堕落な暮らしに戻る。日本の政治腐敗監視は、その繰り返しだったと言ってよいのではないか。

市場の慢性疾患治療で成功収めた証取委

慢性疾患にはそれに対応した治療システムが必要だ。その導入に成功した先例がある。証券取引等監視委員会を中心とした金融の流通・資本市場に対する監視システムである。

１９９０年代に入るまで日本の市場監視システムは未整備だった。証券市場を舞台にした市場犯罪に対して行政当局は規制手段をもたず、制裁するには検察の力を借りるしかなかった。つまり、外科手術しか治療法がなかった。

91年の証券大手による損失補填事件や第２章でも紹介した暴力団など反社勢力による市場汚染の続発で、さすがに検察だけに任せていては市場が持たない、海外からの投資も激減するとの危惧が高まり、92年7月、証券取引法（現金融商品取引法）を大幅に改正。市場を監視する第１次機関として、証券取引等監視委員会が設立された。

監視委は、企業が開示する有価証券報告書に虚偽記載がないかチェックするほか、流通市場や資本市場の動きを常時監視し、疑わしい取引があれば、行政調査で事実を認定し、軽い違反については金融庁に課徴金や免許取り消しなどの行政処分での制裁を求め、悪質なものや別の犯罪の疑いがあるものは検察、警察に告発ないし通報し刑事制裁を求める。

この常時監視の調査と課徴金や営業停止などの行政処分勧告が、市場を舞台にしたルール違反に対する慢性疾患治療となる。それによって、違反者は、検察の摘発という荒療治しかなくなるまで病状を悪化させることなく、自らの行為を反省し、金融庁や監視委という医師の指導の下、ルール順守を誓って早期に市場に復帰する。

事後的に認定した事実で不正を摘発する検察にとって、ときとしてルールが揺れ動き、経営判断との境界があやふやな経済事件の摘発は手に余ることもあった。検察にとってもこのシステムは好都合だった。

金丸事件を東京地検特捜部副部長として摘発した佐渡賢一が委員長に就任する2007年の直前に監視委では課徴金など行政処分のツール整備が進み、佐渡はそれを駆使して、12年のオリンパス粉飾決算事件では課徴金と刑事告発を使い分け、15年の東芝の不正会計問題では73億円の課徴金を勧告した。その後も監視委は、行政処分や指導という慢性疾患治療と悪性腫瘍摘発の刑事告発を駆使して市場の健全性維持に実績を積み上げている。

「政治の自由」がからみ、単純な正義の物差しを適用しにくい政治とカネの不正監視も、市場監視と同様のシステムによることが望ましいと考える。公職選挙法、政治資金規正法、政党助成法を抜本改正し、政治資金や政党交付金、選挙経費などが適切に情報開示されているかを監視する、証券取引等監視委員会と同様の機能を付与した独立機関を作ってはどうか。

政治からの独立をより強力に担保するため、金融庁傘下の行政組織である監視委より、国家行政組織法3条に基づく「三条委員会」で独占禁止法・競争政策を所管する公正取引委員会スタイルにした方がいいかもしれない。

違反情報を探知すれば速やかに調査し、理由なく調査を拒んだ関係者にはペナルティーを科す権限も与える。軽い違反が見つかれば課徴金などの行政処分で制裁し、悪性の強いものや別の犯罪、例えば、贈収賄や脱税、選挙買収の疑いがあるものを発見すれば検察に通報する。

こういう独立監視機関があれば、今回の「裏金」事件の処理の形は違ったものになった可能性がある。パーティー券を買った政治団体と売った派閥の収支の数字が合わないことから派閥の関係者を調査。不記載をすみやかに発見し、資金還流やそれが始まった経緯など全体像を把握する。

金額が小さく派閥の指示に従っただけの議員側には修正処理をさせ軽い行政処分を行う。派閥の幹部議員と会計責任者、不記載額の大きい議員については犯則調査に切り替えて事実を詰め、刑事告発する。検察が何十人もの政治家を調べる必要はなくなり、捜査コストは格段に安くなる。捜査で無理をする必要はなくなる。

それ以前に、こういう監視システムがあれば、安倍派や二階派はそもそも、不透明なパーティー券収入をめぐる資金還流や不記載をしなかった可能性が大と思われる。

この監視機関がきちんと機能するには、透明性をさらに強化し調査を容易にする政治資金規正法などの強化改正も必要だ。「政治には金がかかる」を前提に企業献金を維持するなら、より高度な透明化が必要だ。

「なんちゃって改正」に終わりそうな「連座制」の導入、政策活動費や調査研究広報滞在費（旧文書通信交通滞在費）の使途公開などが実現すれば、より実効性が増すだろう。

さらに、収支報告書の完全デジタル化が進めば、市民やマスコミによる監視が容易になり、独立機関の監視機能をより強化することにもなる。

32年前の金丸事件捜査で起きた検察批判は傍で見ていて怖くなるほどの凄まじさだった。それに比べると、今回の検察批判は微風にしか感じなかった。

国民の批判の奔流が「被疑者」である政治家側に向かったこともあるが、法制度の制約という検察の置かれた状況に対する世論の理解が進んだわけではない。逆に、検察を含む政治腐敗監視システムに幻滅して白け、不満が陰にこもっただけで、事態はより深刻になったと受け止めている。

しかし、政治腐敗監視の制度設計に責任を持つ政界にはそういう危機認識が欠けている。国民の多くが政治資金規正法の強化改正を求めているのに、自民党は相変わらず「既得権益」に固執。与党・公明党や維新の会を引っ張り込んでお茶を濁そうとし、野党側も、第1党の立憲民主党が政治資金パーティー開催を全面禁止する法案を提出したにもかかわらず、幹事長の岡田克也ら党幹部がパーティーを計画。世論の批判を受けて中止するちぐはぐぶり。まるで真剣味が感じられない。

32年前、報道で闇献金が暴露された金丸信は、逡巡はしたが、潔く記者会見して国民に謝罪し、自らの首を差し出した。使途については「仲間に迷惑をかける」と説明を拒んだが、訴追され、国民の批判が強まると、すっぱり議員バッジを返上した。金権体質、反社との距離感に問題はあったが、政治家としてある意味、見事な立ち居振る舞いだった。

一方、今回、首相の岸田文雄や元幹事長の二階俊博、安倍派5人衆らはいずれも説明責任を果たし政治責任を取ろうという姿勢が皆無だった。無責任の極み。権力者の矜持はどこにいったのか。国を危うくしているという自覚はないのか――と問わざるを得ない。

あとがき

この本の第1章から第7章は、筆者が「検察vs.政界　経済事件記者の備忘録」「同　検証記（続編）」と題して日刊ゲンダイ紙上で２０２３年3月から24年5月まで計２９３回にわたって連載した金丸脱税事件と5億円闇献金事件に関する記事を再構成したものだ。

２０２２年秋、毎日新聞時代の同僚で東日印刷社長の武田芳明さんを介し、日刊ゲンダイ専務取締役の藤田学さんから政治と検察に関する記事の執筆を依頼されたのがきっかけで、ならば、脱税逮捕30年を迎える金丸事件の検証を、ということになった。

検察の政治腐敗摘発の捜査手法が、贈収賄型中心から政治資金規正法も駆使するようになる転換期の事件だった。そういう視点で改めて取材メモや非開示の捜査記録などを掘り起こすと、過去に情報を発信した当時とは異なる切り口が見え、新しい発見もあり、執筆は苦にならなかった。

そうこうするうち、23年暮れ、自民党の政治資金パーティーをめぐる「裏金」事件が起きた。犯罪の形態は異なるが、疑惑の政治家に捜査が及ばない「ザル法」に悩みながら、国民の期待に応えようと検察が力を振り絞って問題提起した点は、金丸事件と同じに見えた。

２つの「裏金」事件を通してこの国の政治腐敗監視の在り方をいま一度、考える好機だと考え、本にまとめることにした次第。

序章は、文藝春秋電子版に寄稿した「『忖度から捜査のメスへ』特捜検察取材歴40年の事件記者が解き明かす『検察vs.安倍派』怨念の歴史」（23年12月21日）をベースに大幅加筆した。また終章は、新たに書き下ろした。

元東京地検特捜部長の五十嵐紀男さん、金丸信氏の元秘書の生原正久さんら取材にご協力いただいた多くの関係者の皆様には改めてお礼を申し上げたい。

藤田さんには、連載から本づくりまですべてでお世話になった。感謝する。

村山　治

2024年6月

■筆者注

▽第1章

（注1）筆者は、元検事総長の吉永祐介が2013年6月に亡くなったのを機に、ともに司法記者クラブキャップだった元朝日新聞記者の松本正、元NHK記者の小俣一平と「特ダネ記者が今語る特捜検察『栄光』の裏側」と題する鼎談を、朝日新聞のウェブサイト「法と経済のジャーナル」（Asahi Judiciary）で14年から15年にかけ22回にわたり連載。「田中角栄を逮捕した男」（3人の共著、朝日新聞出版、16年7月）にまとめた。ここで紹介するのは、その鼎談で松本が語った話である。筆者は、金丸事件を朝日新聞社会部の遊軍記者として松本らとともに取材した。

（注2）「小沢一郎vs.特捜検察20年戦争」（村山治著、朝日新聞出版、19年9月）と、それをベースに同月から「法と経済のジャーナル」での連載「金丸事件：特捜部長と金庫番が語る20年目の真実」で元特捜部長の五十嵐紀男と金丸信の元金庫番秘書の生原正久のインタビューを掲載した。そこから引用した。同様の生原証言は、政治評論家の田崎史郎の「経世会　死闘の七十日」（講談社）でも紹介されている。

▽第2章

（注3）「東京佐川急便特別背任事件（稲川会ルート）着手報告」（1992年5月7日、特捜部）。

（注4）渡辺広康と平和堂グループ代表の中野史郎（仮名）の処分にかかわる「東京佐川急便特別背任事件（平和堂ルート）処理報告」（92年3月3日、東地特捜）と、常務の太田順三（仮名）と経理課長に対する処理にかかわる「東京佐川急便（株）の役員らによる特別背任事件（市原観光開発ルート）処理報告」（92年3月3日、東京地検特捜部）。
（注5）「当面の捜査方針　佐渡」と題するレジュメ。（注3）資料作成翌日の92年5月8日付で、特捜部副部長の佐渡賢一が特捜部内用に作成したとみられる。
（注6）「東京佐川急便特別背任事件（稲川会ルート）処理報告」（92年5月27日付）。特捜部が検察首脳に被疑者の処分の了解を求めるため作成。
▽第3章
（注7）「渡辺広康の政治家への現金交付状況一覧表」（92年5月27日現在）。
（注8）「渡辺広康個人資金の動き（中野裏金）」。〈注7〉資料と同時期に作成されたとみられる。
（注9）前記第1章（注2）と同じ。
（注10）「今後の捜査方針（佐渡、92年5月28日）」。
（注11）「今後の捜査方針」。内容から92年6月下旬に作成されたとみられる。
（注12）「金子新潟県知事支援の政治団体に係る政治資金規正法違反事件」（92年8月14日）。
▽第4章
（注13）特捜部が作成した「S事件捜査結果・予定表（92年9月1日～17日分）」。「S」は佐

川を指すとみられる。担当検事ごとの「取調・捜査結果報告」を左欄に、「本日の取調・捜査予定」を右欄に配した。

（注14）法と経済のジャーナル17年1月29日掲載「証券取引等監視委　前委員長インタビュー

③　東京佐川急便事件」

（注15）（注16）　前記第1章（注2）と同じ。

（注17）前記第1章（注2）と同じ。

（注18）「検事総長の椅子」の表題がついたA４用紙17枚のワープロ打ちの文書。根来本人が亡くなる数年前、「参考にして」と親しい法務・検察幹部に手渡していた。事件や検察人事の舞台裏を記録した歴史的にも価値のある資料である。

（注19）小沢一郎の側近の佐藤守良による官房副長官の石原信雄経由での捜査介入と、石原への取材結果は月刊文藝春秋18年5月号「検察人事暗闘史『根来泰周メモ』公開」で発信した。

（注20）前記第1章（注2）と同じ。

▽第5章

（注21）前記第4章（注14）と同じ。

（注22）（注23）（注24）　前記第1章（注2）と同じ。

▽第6章

（注25）特捜部の「金丸信らに対する告発一覧表（類型別）」（92年12月22日作成）から引用。

（注26）特捜部が作成した「金丸告発事件メモ」（92年10月13日）。
（注27）特捜部が作成した「金丸ら告発事件捜査中間報告」（92年10月27日）。
（注28）特捜部が作成した捜査メモ「2段階処理の理由」（92年11月2日）。不起訴を前提に処分の時期と内容を検討したことを示す。
（注29）前記第1章（注2）と同じ
▽第7章
（注30）特捜部作成の「最高検との会議確認事項」（3月2日（火）10時30分、最高検総長・次長会議室）
（注31）「金丸信外1名に対する所得税法違反事件について」（5・3・4　特捜部）

村山 治（むらやま・おさむ）　ジャーナリスト

1950年、徳島県生まれ。1973年に早稲田大学政治経済学部を卒業し毎日新聞社入社。1988年、東京社会部記者として「薬害エイズキャンペーン」を展開する。1989年の新聞協会賞を受賞した連載企画「政治家とカネ」取材班に所属。1991年に朝日新聞社入社。東京社会部記者として金丸事件、ゼネコン汚職事件、大蔵省接待汚職事件などの大型経済事件報道に携わる。2017年からフリー。著書に『特捜検察vs.金融権力』（朝日新聞社）、『市場検察』（文藝春秋）、『検察　破綻した捜査モデル』（新潮新書）、『安倍・菅政権vs.検察庁　暗闘のクロニクル』（文藝春秋）、『工藤會事件』（新潮社）など。

自民党《じみんとう》と裏金《うらがね》　捜査秘話《そうさひわ》

2024年7月1日　第1刷発行

著者　村山《むらやま》　治《おさむ》

発行者　寺田俊治

発行所　株式会社　日刊現代
東京都中央区新川1-3-17　新川三幸ビル
郵便番号　104-8007
電話　03-5244-9620

発売所　株式会社　講談社
東京都文京区音羽2-12-21
郵便番号　112-8001
電話　03-5395-3606

印刷所／製本所　中央精版印刷株式会社

表紙・本文デザイン／スタジオS

DTP／横山康章

ISBN 9 7 8 - 4 - 06 - 5 3 6 4 7 3 - 4